Langenscheidt
Grammatiktraining

Deutsch als Fremdsprache

Übungen zu allen wichtigen Grammatikthemen

von Grażyna Werner

Langenscheidt

4. Auflage 2026

www.langenscheidt.com/kontakt

Lektorat: Manuela Beisswenger
Layout: Ute Weber
Druck und Bindung: Multiprint Ltd., Kostinbrod

ISBN 978-3-12-563523-4

Vorwort

Im **Grammatiktraining Deutsch als Fremdsprache** von Langenscheidt finden Sie **mehr als 150 Übungen** zu den wichtigsten Themen der deutschen Grammatik, wie z. B. **dem Genus der Substantive**, **der Deklination des Adjektivs** oder **der Pluralbildung.**
Das **Grammatiktraining Deutsch als Fremdsprache** eignet sich gleichermaßen für Anfänger und Anfängerinnen sowie Fortgeschrittene. Sie können es zum Lernen oder zum Auffrischen benutzen und so Ihr Deutsch trainieren.

Die Übungen wurden speziell auf Ihre Bedürfnisse zugeschnitten.
Der übersichtliche Aufbau und die zweifarbige Gestaltung ermöglichen eine schnelle Orientierung. Da die Beispielsätze auf der deutschen **Alltagssprache** und einem **einfachen Wortschatz** basieren, bleibt Ihnen mühsames Nachschlagen schwieriger Vokabeln erspart.
Die Übungen selbst sind in drei Schwierigkeitsgrade eingeteilt:
* = leicht, ** = mittel, *** = anspruchsvoll. Sie sind so angelegt, dass Sie sie **schriftlich im Buch** lösen und mithilfe des **Lösungsschlüssels** sofort kontrollieren können. Dadurch ist das Buch besonders geeignet für das **Selbststudium.**

Und nun wünschen wir Ihnen viel Spaß beim Grammatiktraining!

Die Autorin und die Langenscheidt-Redaktion

Inhaltsverzeichnis

1 Das Genus der Substantive

1. Maskulinum, Femininum oder Neutrum? Der, die oder das? Ergänzen Sie den bestimmten Artikel. ★

die Frau	.... Mann	.... Mädchen
.... Übung	.... Computer	.... Brötchen
.... Zeitung	.... Fernseher	.... Bild
.... Werbung	.... Apparat	.... Buch
.... Musik	.... Automat	.... Probieren
.... Politik	.... Projektor	.... Arbeiten
.... Operation	.... Motor	.... Auto
.... Situation	.... Apfel	.... Kino
.... Freundschaft	.... Pinsel	.... Radio
.... Botschaft	.... Frühling	.... Komma
.... Freundin	.... Patient	.... Dokument
.... Krankheit	.... Honig	.... Medikament
.... Gesundheit	.... Teppich	.... Drama
.... Palme	.... Mensch	.... Kind

2. Kreuzen Sie den passenden bestimmten und unbestimmten Artikel wie im Beispiel an. ★★

	ein	eine		der	die	das
1.		✗	Wohnung		✗	
2.			Küche			
3.			Zimmer			
4.			Balkon			
5.			Haus			
6.			Terrasse			
7.			Keller			
8.			Etage			
9.			Treppe			

3. Ordnen Sie die Substantive dem richtigen Genus zu. ★★

Büro ✔ Telefon Computer Stuhl Maus Drucker E-Mail
Lampe Speicher Laufwerk Bildschirm Papier Datei Tisch
Fenster Bild CD-ROM Festplatte

Maskulina *(der)*	Feminina *(die)*	Neutra *(das)*
....	....	*Büro*
....	....	....
....	....	....
....	....	....
....	....	....
....	....	....
....	....	....

4. Bilden Sie zusammengesetzte Substantive und bestimmen Sie das Genus. ★★

1. der Tisch + die Lampe = *die Tischlampe*
2. das Papier + der Korb = ...
3. die Wand + die Uhr = ...
4. das Bett + die Decke = ...
5. das Wasser + der Hahn = ...
6. der Topf + die Blume = ...
7. das Gas + der Herd = ...
8. der Tee + die Tasse = ...
9. das Zimmer + die Pflanze = ...
10. das Haus + die Tür = ...
11. das Radio + die Sendung = ...
12. die Bilder + der Rahmen = ...
13. die Stadt + der Plan = ...

2 Der Artikel

1. Bestimmter oder unbestimmter Artikel? Ergänzen Sie *der, die, das* bzw. *ein, eine*. ★★

1. Der Mann von Barbara arbeitet heute zu Hause.
2. Das ist .... gutes Wörterbuch.
3. .... Sonne scheint.
4. .... Telefon klingelt.
5. Ich habe .... Schwester.
6. Wir haben .... Kind.
7. .... Hund von Peter heißt Rex.
8. Sabine kauft heute .... Hose.
9. .... Nachbar fährt morgen nach Berlin.
10. Ich brauche .... neue Brille.

2. Bestimmter Artikel oder kein Artikel? ★★

1. .... Milch ist gesund.
2. .... Natia wohnt in .... Berlin.
3. .... Berlin ist .... Hauptstadt von .... Deutschland.
4. .... Radio ist kaputt.
5. Er hat wenig .... Geld.
6. Meine Cousine ist .... Ärztin.
7. Nehmen Sie .... Bahn oder gehen Sie zu .... Fuß?
8. .... kleine Andreas hat .... Angst vor .... Spinnen.
9. Ich fahre nach .... Frankreich, während .... Anke in .... Schweiz reist.
10. .... Oliver ist .... beste Schüler der Klasse.
11. .... Emilia trinkt gern .... Kaffee ohne .... Milch.

3. Setzen Sie den bestimmten Artikel in der richtigen Form ein. ★★★

der den dem das die der den die des die✔

1. Wo ist die Zeitung?
2. Kannst du mir bitte .... Stadtplan geben?
3. Warum hast du .... Auto verkauft?
4. .... Zug nach München fährt um 11.10 Uhr auf Gleis 4 ab.
5. — Woher kommen Sie? — Aus .... Kino.
6. Ich muss heute in .... Bibliothek gehen.
7. Wenn du mit .... U-Bahn fährst, kommst du bestimmt noch rechtzeitig an.
8. Der Fahrer musste .... beiden Polizisten seine Papiere zeigen.
9. .... Prüfungen waren sehr schwer.
10. Die Reparatur .... Apparats war teuer.

4. Verbinden Sie die Präposition mit dem Artikel. ★★

1. Rita ist *(bei + dem)* Arzt.
   Rita ist beim Arzt.
2. Vater ist *(in + dem)* Haus.
   ....
3. Karin geht *(in + das)* Theater.
   ....
4. Carmen geht *(an + das)* Fenster.
   ....
5. Daniel muss *(zu + dem)* Zahnarzt gehen.
   ....
6. Anne fährt *(zu + der)* Konferenz.
   ....
7. Moritz ist jetzt *(bei + dem)* Chef.
   ....

3 Die Pluralbildung der Substantive

1. Bilden Sie den Plural der Substantive wie im Beispiel. ★

a)

1. die Schere	*die Scheren*	5. die Tasche	
2. die Hose		6. die Tomate	
3. die Nase		7. die Birne	
4. die Gurke		8. die Tante	

b)

1. das Ohr	*die Ohren*	5. der Student	
2. die Zahl		6. der Mensch	
3. die Übung		7. der Herr	
4. die Kreuzung		8. die Endung	

c)

1. der Tag	*die Tage*	5. das Bein	
2. der Arm		6. der Brief	
3. der Bleistift		7. der Monat	
4. der Hund		8. der Abend	

d)

1. der Bruder	*die Brüder*	5. der Schwager	
2. der Mantel		6. der Vater	
3. der Magen		7. der Vogel	
4. die Mutter		8. der Apfel	

e)

1. das Land	*die Länder*	5. das Buch	
2. das Blatt		6. das Dach	
3. das Haus		7. das Dorf	
4. das Glas		8. das Huhn	

f)

1. der Pullover	*die Pullover*	5. der Teller	....
2. der Sänger	....	6. das Fenster	....
3. das Zimmer	....	7. das Mädchen	....
4. das Brötchen	....	8. das Zeichen	....

g)

1. das Taxi	*die Taxis*	5. der Radiergummi	....
2. das Radio	....	6. das Hotel	....
3. der Chef	....	7. das Kino	....
4. der Ballon	....	8. das Baby	....

h)

1. der Satz	*die Sätze*	5. der Baum	....
2. der Stuhl	....	6. der Zahn	....
3. die Hand	....	7. die Wand	....
4. der Bart	....	8. der Koch	....

2. Bilden Sie den Plural wie im Beispiel. ★★

a)

1. die Schülerin	*die Schülerinnen*	5. die Kollegin	....
2. die Ärztin	*die Globen*	6. die Nachbarin	....
3. die Studentin	....	7. die Freundin	....
4. die Chefin	....	8. die Lehrerin	....

b)

1. der Globus	*die Globen*	5. das Studium	....
2. der Kaktus	*die Kakteen*	6. das Ministerium	....
3. das Museum	....	7. das Aquarium	....
4. das Gymnasium	....	8. das Medium	....

3. Suchen Sie im Buchstabennetz (waagerecht und senkrecht) den Plural der folgenden Substantive. ★

der Tisch ✔ das Bild das Bett der Stuhl die Tür das Sofa
der Sessel das Fenster das Regal die Wohnung der Schlüssel
die Blume

```
S C H L Ü S S E L E R
O T R O S A T O B B E
F Ü R S S T Ü L L E R
A R T I S C H E U T E
S E S S E L L E M T G
A N B I L D E R E E A
F E N S T E R G N N L
W O H N U N G E N D E
```

4. Mit oder ohne Umlaut? Ergänzen Sie *a, o, u* bzw. *ä, ö, ü*. ★★

1. das Buch	die B*ü*cher	8. der Stuhl	die St……hle
2. das Haus	die H……user	9. die Uhr	die ……hren
3. die Tafel	die T……feln	10. das Blatt	die Bl……tter
4. die Karte	die K……rten	11. der Korb	die K……rbe
5. die Tasche	die T……schen	12. der Mann	die M……nner
6. die Hand	die H……nde	13. der Sohn	die S……hne
7. die Rose	die R……sen	14. das Brot	die Br……te

5. Welche Endung passt: *-e, -en* oder *-n*? ★★

1. die Frau	die Frau*en*	7. die Küche	die Küche……
2. die Dame	die Dame……	8. die Stadt	die Städt……
3. die Gabel	die Gabel……	9. der Schrank	die Schränk……
4. der See	die See……	10. das Ohr	die Ohr……
5. der Zeh	die Zeh……	11. das Hemd	die Hemd……
6. das Bett	die Bett……	12. das Schiff	die Schiff……

6. Wie heißt der Plural? ★★

1. das Haar die Haare
2. die Frau ....
3. die Tomate ....
4. die Übung ....
5. das Radio ....
6. das Haus ....
7. der Sohn ....
8. der Zahn ....
9. der Bruder ....
10. der Tag ....
11. das Buch ....
12. die Uhr ....
13. die Tochter ....
14. der Mann ....
15. die Hand ....
16. der Herr ....

7. Wie heißt der Singular? ★★

1. die Frucht die Früchte
2. .... die Brötchen
3. .... die Tassen
4. .... die Kannen
5. .... die Eier
6. .... die Gabeln
7. .... die Äpfel
8. .... die Scheiben
9. .... die Becher
10. .... die Teller
11. .... die Gläser
12. .... die Löffel
13. .... die Messer
14. .... die Birnen
15. .... die Servietten
16. .... die Würstchen

8. Plural oder kein Plural? Ergänzen Sie. ★

1. das Pferd die Pferde
2. das Buch ....
3. das Brötchen ....
4. das Haus ....
5. die Hose ....
6. der Koch ....
7. die Stadt ....
8. die Butter ....
9. die Gesundheit ....
10. der Hund ....
11. die Liebe ....
12. die Milch ....

9. Setzen Sie den Plural der unterstrichenen Substantive ein. ★★

1. Ich kaufe einen Pullover. Pia kauft zwei Pullover.
2. Marie kauft eine Jacke. Sophie kauft zwei ....
3. Luisa braucht ein Kleid. Eva braucht drei ....
4. Jonas kauft eine Hose. Miran kauft zwei ....
5. Sandra hat eine Bluse. Verena hat elf ....
6. Willst du eine Tasche? Du hast ja schon acht ....!
7. Hanna möchte einen Rock. Hier gibt es schöne ....
8. Dieser Hut ist elegant. Frau Ernst trägt gern elegante ....
9. — Ich schenke Lukas eine Krawatte.
   — Aber er hat schon zwanzig ....!
10. — Gefällt dir dieser Mantel?
    — Nein, ich mag keine ....

10. Bilden Sie den Plural. ★★★

1. der Globus die Globen
2. der Kaktus ....
3. das Gymnasium ....
4. das Lexikon ....
5. der Bus ....
6. der Kaufmann ....
7. die Praxis ....
8. das Museum ....
9. das Zentrum ....
10. der Virus ....
11. die Firma ....
12. das Thema ....

4 Die Deklination des Artikels und des Substantivs

1. Ergänzen Sie *einen, eine* oder *ein*. ★★

1. Ich habe *ein* Wörterbuch.
2. Greta hat .... Schwester und .... Bruder.
3. Ich brauche .... Termin.
4. Leon wünscht sich .... Computer.
5. Ich kaufe .... Hose und .... Jacke.
6. Angelika schreibt .... Artikel.

2. Setzen Sie *den, die* oder *das* ein. ★★

1. Das ist eine Rose. → Ich möchte *die* Rose.
2. Ich habe ein Handy. → Ich gebe dir .... Handynummer.
3. Wo ist das Auto? → Er sucht .... Auto.
4. Die Schuhe sind bequem. → Ich nehme .... Schuhe.
5. Dort steht ein Polizist. → Ich frage .... Polizisten.
6. Die Nachbarin ist krank. → Wir besuchen .... Nachbarin.

3. Setzen Sie die unterstrichenen Wörter im Dativ ein. ★★

1. <u>Der Opa</u> braucht Hilfe. → Wir helfen *dem Opa*.
2. <u>Der Mann</u> ist krank. → Der Arzt verschreibt .... Medikamente.
3. <u>Die Kinder</u> freuen sich. → Der Vater kauft .... Eis.
4. Johannes liebt <u>seine Frau</u>. → Er schenkt .... Blumen.
5. <u>Die Schüler</u> verstehen die Aufgabe nicht. → Der Lehrer erklärt .... die Aufgabe.
6. <u>Das Auto</u> ist neu. → Ich fahre gern mit ....

4. Antworten Sie wie im Beispiel. ★★★

1. Wem gibst du das Geld? *(Kassiererin)*
   Ich gebe das Geld der Kassiererin.
2. Mit wem spricht Yvonne? *(mit, der Chef)*
   ……
3. Womit fahrt ihr? *(mit, der Bus)*
   ……
4. Woher kommt Ulrike? *(aus, die Bibliothek)*
   ……
5. Wem schenkst du die Bücher? *(die Kinder)*
   ……
6. Womit spielt die Katze? *(mit, ein Ball)*
   ……
7. Wem gibst du das Rezept? *(der Apotheker)*
   ……
8. Wem erzählt Klaus die Anekdote? *(die Freunde)*
   ……
9. Wie fährt Ludwig nach Köln? *(mit, der Zug)*
   ……

5. Verwenden Sie das Substantiv im Genitiv. ★★

1. Vater — Die Aktentasche des Vaters steht im Flur.
2. Mutter — Das Kleid …… hängt im Schrank.
3. Baby — Die Rassel …… ist bunt.
4. Sohn — Die Schuhe …… stehen vor der Tür.
5. Kinder — Die Rucksäcke …… sind im Kinderzimmer.
6. Eltern — Das Schlafzimmer …… ist links.
7. Oma — Wo liegt die Brille ……?
8. Kind — Die Jacke …… ist schmutzig.
9. Tochter — Die Bücher …… liegen im Regal.

6. Antworten Sie kurz wie im Beispiel. ★★★

1. Warum ist Omar nicht da? *(eine Erkältung)*
   Wegen einer Erkältung.
2. Warum spielen die Kinder zu Hause? *(der Regen)*
3. Warum liegt Anne im Bett? *(das Fieber)*
4. Warum nimmst du eine Tablette? *(die Kopfschmerzen)*
5. Warum fehlen heute so viele Schüler? *(die Grippe)*
6. Warum kann Christine nicht schlafen? *(die Probleme)*

7. Verwenden Sie die Substantive im richtigen Kasus. ★★★

1. Wir schenken *(der Vater) (ein Buch)*.
   Wir schenken dem Vater ein Buch.
2. Wo ist *(die Telefonnummer) (meine Schwester)*?
3. Er geht zu *(die Chefin)*.
4. Wir fahren mit *(die Tochter)*, aber ohne *(der Sohn)* in *(die Schweiz)*.
5. *(Die Eltern)* kaufen *(ein Schreibtisch)* für *(die Tochter)*.
6. Hier ist *(ein Brief)* von *(die Tante)*.
7. Ich frage nach *(der Preis) (der Kühlschrank)*.
8. *(Der Hund) (die Nachbarin)* bellt laut.

5 Die Personalpronomen

1. Ergänzen Sie das fehlende Personalpronomen. ★

1. Das ist Jan. ....Er.... ist mein Cousin.
2. Das ist Elin. .... ist meine Schwester.
3. Das ist unser Auto. .... ist neu.
4. Das sind Alex und Thomas. .... sind meine Cousins.
5. Das sind Elke und Ina. .... sind meine Nachbarinnen.
6. — Hast .... auch Geschwister? — Ja, ... habe einen Bruder.

2. Welche Substantive gehören zu welchem Pronomen? ★

die Möbel ✔ die Wohnung die Garage das Haus die Familie
der Tisch die Blumen der Garten die Tür die Adressen
das Zimmer das Dach der Aufzug der Hund

er: ....

sie (Sing.): ....

es: ....

sie (Plur.): die Möbel, ...

3. Ergänzen Sie die Sätze mit dem passenden Personalpronomen im Dativ. ★★

1. Ich bin nicht krank. ....Mir.... fehlt nichts.
2. Silke hat Geburtstag. Wir gratulieren ....
3. Erik braucht das Buch. Wir geben .... das Buch.
4. Das Kind hat Durst. Die Mutter gibt .... Tee.
5. Wir haben jetzt genug Geld. Wir kaufen .... ein Auto.
6. Die Kinder sehen einen Film. Er gefällt ....
7. Frau Meier, haben Sie Schmerzen? Ich gebe .... eine Tablette.

4. Ergänzen Sie die Sätze mit dem passenden Personalpronomen im Akkusativ. ★★

1. Jan wohnt nicht weit von hier. Ich besuche ...*ihn*... heute.
2. Wir machen eine Party. Unsere Freunde besuchen ....
3. Mary kommt aus Texas. Kennt ihr .... ?
4. Daniel hat Fieber. Der Arzt untersucht ....
5. Ich brauche ein Passbild. Fotografierst du .... ?
6. Eva und Petros wohnen in der Nähe. Ich besuche .... oft.
7. Das Auto gefällt mir. Ich möchte .... kaufen.
8. Herr Neubert, ich möchte .... zu meinem Geburtstag einladen.
9. Du bist lieb. Ich liebe .... !
10. Robert ist in der Schule. Der Lehrer fragt .... nach der Hausaufgabe.
11. Im Zoo gibt es viele Tiere. Wir dürfen .... aber nicht füttern.
12. Ihr kommt heute Abend später. Aber wir warten auf ....

5. Verbinden Sie die zusammengehörenden Pronomen (im Nominativ, Dativ und Akkusativ). ★★

6. Nominativ, Dativ oder Akkusativ? Setzen Sie das passende Pronomen ein. ★★

1. Das ist Anton. *Er* hat Geburtstag. Die Eltern schenken *ihm* ein Fahrrad.
2. Meine Schwester heißt Sandra. .... ist Studentin. Ich gehe oft mit .... ins Theater.
3. Wir machen eine Gartenparty. Kommst du zu ....?
4. Dieses Fahrrad gefällt mir. Ich will .... kaufen.
5. Die Kinder gehen Eis essen. Der Vater gibt .... Geld.
6. Dieses Haus ist sehr alt. Wir kaufen .... deshalb nicht.
7. Regina ist meine Freundin. Kennst du ....?
8. Das ist mein Bruder. .... studiert Informatik.
9. Du hast ein Problem. Kann ich .... helfen?
10. Ich habe Hunger. Ich mache .... eine Schnitte.
11. Wo wohnen ...., Herr Werner?

7. Vervollständigen Sie die Tabelle. ★★

Nominativ	Dativ	Akkusativ
ich		
	dir	
		ihn
	ihr	
es		
wir		
	euch	
		sie
	Ihnen	

8. Bilden Sie Sätze wie im Beispiel. ★★★

1. Wir schenken Dorothea einen Pullover.
   Wir schenken ihr einen Pullover.
   Wir schenken ihn Dorothea.
   Wir schenken ihn ihr.
2. Wir geben Laura eine Gitarre.
3. Der Lehrer stellt dem Schüler eine Frage.
4. Herr Wagner bringt seiner Frau einen Kaffee.
5. Ich erkläre meinen Eltern die Verspätung.
6. Elif zeigt ihren Kollegen die Fotos aus dem Italienurlaub.

9. Was ist richtig? Kreuzen Sie an. ★★★

1. Ich zeige dem Mann den Weg.
   Ich zeige ………… ………….
   ✗ a) ihn ihm
   b) ihm ihn
   c) ihm sie
   d) sie ihn

2. Der Opa erzählt den Enkeln ein Märchen.
   Er erzählt ………… ………….
   a) ihn ihnen
   b) es ihnen
   c) sie ihm
   d) ihnen sie

3. Lea gibt ihrer Schwester Blumen.
   Sie gibt ………… ………….
   a) sie ihr
   b) ihnen ihr
   c) sie ihm
   d) ihr sie

4. Doris erklärt sie uns.
   Doris erklärt uns ………….
   a) den Text
   b) die Aufgabe
   c) den Weg
   d) das Problem

5. Ich gebe es dir.
   Ich gebe dir ………….
   a) das Buch
   b) die Mappe
   c) den Füller
   d) die Bücher

6. Wir schenken ihn dir.
   Wir schenken dir ………….
   a) das Fahrrad
   b) den Computer
   c) die Tasche
   d) die CDs

7. Liest du mir es bitte vor?
   Liest du mir bitte ………… vor?
   a) die Geschichte
   b) die Erzählung
   c) den Text
   d) das Gedicht

8. Ich konnte meinen Eltern die Fotos noch nicht schicken.
   Ich konnte ………… ………… noch nicht schicken.
   a) ihn ihnen
   b) sie ihm
   c) sie ihnen
   d) es ihr

6 Die Possessivpronomen

1. Wie heißt das fehlende Possessivpronomen vor dem Substantiv? ★

1. Ich habe einen Hund. → Mein .... Hund heißt Cäsar.
2. Ich habe eine Gitarre. → .... Gitarre hat einen guten Klang.
3. Ich habe ein Fahrrad. → .... Fahrrad ist grün.
4. Ich habe viele Bücher. → .... Bücher sind interessant.
5. Du hast eine Schwester. → .... Schwester wohnt in Rom.
6. Du hast ein Kind. → .... Kind ist noch klein.
7. Du hast Freunde. → .... Freunde sind nett.
8. Peter wohnt in Dresden. → .... Bruder wohnt in Pirna.
9. Nikolai ist blond. → .... Kind ist auch blond.
10. Mein Freund Istvan ist jung. → .... Eltern sind nicht mehr jung.
11. Eva besucht ihren Freund. → .... Freund heißt Felipe.
12. Zdenka schreibt an ihre Tante. → .... Tante wohnt in Prag.
13. Barbara freut sich. → .... Eltern kommen zu Besuch.
14. Das Kind hat einen Ball. → .... Ball ist bunt.
15. Das Kind hat eine Puppe. → .... Puppe ist hübsch.
16. Das Kind hat ein Buch. → .... Buch hat viele Bilder.

2. Kreuzen Sie das richtige Possessivpronomen an. ★

1.	.... Koffer ist schwer.	a) Meine	✗ b) Mein	c) Meinen
2.	Frau Jung, wo sind .... Kinder?	a) Ihre	b) ihre	c) Ihr
3.	Eva und .... Freund fahren nach Bonn.	a) sein	b) ihr	c) Ihr
4.	Wir besuchen .... Oma.	a) unsere	b) sein	c) deinen
5.	Julia, wo ist .... Buch?	a) deine	b) eure	c) dein

3. Welches Possessivpronomen passt? ★★

1. Wir haben eine neue Wohnung. → *Unsere* .... Wohnung ist groß.
2. Wir haben einen Garten. → .... Garten ist klein.
3. Wir haben ein Haus. → .... Haus ist alt.
4. Wir haben Goldfische. → .... Goldfische sind schön.
5. Ihr habt eine Tochter. → Wie heißt .... Tochter?
6. Ihr habt ein Auto. → Ist .... Auto schnell?
7. Ihr habt viele Freunde. → Wo wohnen .... Freunde?
8. Die Kinder sehen fern, während .... Vater ein Buch liest.
9. Die Mädchen singen, während .... Brüderchen spielt.
10. Die Kinder tanzen. .... Eltern schauen zu.
11. Haben Sie einen Computer? Ist .... Computer schnell?
12. Haben Sie eine Videokamera? Ist .... Kamera gut?

4. Setzen Sie das richtige Possessivpronomen ein. ★★

1. Susi und *ihre* .... Freundin Lisa gehen ins Kino.
2. Wir besuchen Klaus. Er ist .... Freund.
3. Martin und .... Bruder bleiben heute zu Hause.
4. Ich kaufe mir ein neues Handy. .... altes Handy ist sehr schlecht.
5. Wir brauchen eine neue Waschmaschine. .... Waschmaschine lässt sich nicht mehr reparieren.
6. Ihr habt einen schönen Garten! .... Garten ist sehr gepflegt.
7. Das Kind weint. .... Eltern sind nicht da.
8. Herr Huber, ... Auto ist kaputt.
9. Marie Curie war eine berühmte Physikerin. Auch .... Mann, ... Tochter Irène und .... Schwiegersohn waren berühmte Physiker.

5. Ergänzen Sie die Possessivpronomen mit der richtigen Endung. ★★

1. Kann ich dein Wörterbuch nehmen? Ich habe mein*es* zu Hause vergessen.
2. Dein Bruder heißt Robert. Mein........ auch.
3. Ich habe nur meinen Stift. Dein........ habe ich nicht.
4. Ich habe ihr nicht meine Handynummer gegeben, sondern dein........ .
5. Fahren wir mit meinem Auto oder mit dein........?
6. Hier sind meine Fotos. Darf ich auch Ihr........ sehen?
7. Können Sie mir Ihr Handy leihen? Mein........ ist nämlich defekt.
8. Das ist nicht Ihre Aufgabe, es ist unser........ .
9. Wir fahren im Urlaub nach Spanien. Wo verbringt ihr euer........?
10. Kann er deinen Computer benutzen? Sein........ ist abgestürzt. (= funktioniert nicht)
11. Ich habe nicht nach deiner Meinung gefragt, sondern nach ihr........ .

6. Setzen Sie das richtige Possessivpronomen ein. ★★

ihr unserem ihrem unsere ✔ unser unseren seinem seine unserer

Wir haben eine neue Wohnung. *Unsere* ① Wohnung ist groß. Sabine und .... ② Freund Martin besuchen uns. Wir zeigen .... ③ Gästen die ganze Wohnung. Das kleinste Zimmer gehört .... ④ Sohn. In .... ⑤ Zimmer steht ein großes Aquarium. .... ⑥ Sohn ist stolz auf .... ⑦ Fische. Sabine und .... ⑧ Freund gefällt das Aquarium. Aber besonders begeistert ist Sabine von .... ⑨ großen Küche.

7 Die Demonstrativpronomen

1. *Dieser, diese oder dieses?* ★

1. Diese Hose gefällt mir überhaupt nicht.
2. Wer ist .... Mädchen dort?
3. .... Haus ist wahrscheinlich sehr alt.
4. .... Film ist sehr interessant.
5. Wie viel kostet .... blaue Kleid?
6. .... Schuhe sind leider zu klein.

2. *Dieses oder dieser?* ★★

1. Über den Preis dieses Kostüms möchte ich nicht sprechen.
2. Wer ist der Autor .... Buches?
3. Die Farbe .... Hemdes gefällt mir nicht.
4. Die Miete .... Wohnung ist angemessen.
5. Ich kenne die technischen Daten .... Autos nicht.
6. Wo sind die Eltern .... Kinder?

3. *Dieser, diesem oder diesen?* ★★

1. Ich kaufe gern in diesem Kaufhaus ein.
2. In .... Abteilung gibt es Damenbekleidung.
3. Bezahlen Sie bitte an .... Kasse.
4. Welche Jacke passt zu .... Rock?
5. In .... Mantel siehst du sehr gut aus.
6. Mit .... Kühlschrank können Sie viel Energie sparen.
7. Haben Sie noch Wolle in .... Farbe?
8. Ich nehme sieben von .... Knöpfen.

4. *Diese, diesen, dieses, dieser oder diesem?* ★★

1. Kaufen Sie diese .... Erdbeeren!
2. .... Obst nehme ich nicht.
3. Möchten Sie .... Melone?
4. Geben Sie mir bitte .... Salat.
5. Wünschen Sie .... Kirschen oder die anderen?
6. Ich hätte gern .... Blumenkohl.
7. Wollen Sie noch .... Zitrone?
8. .... Bananen nehme ich nicht, sie sind zu reif.
9. Kann man .... Gemüse roh essen?
10. Nehmen wir doch .... Korb Pilze!
11. Aus .... grauen Auto stieg ein Mann aus.
12. .... runde Tisch ist zu groß.
13. .... Zeitschrift habe ich schon.
14. Mit .... Leuten habe ich nicht gesprochen.
15. Können Sie mir bitte sagen, wie ich zu .... Straße komme?
16. Ich möchte gerne .... graue Hose anprobieren.

5. Ergänzen Sie die fehlenden Endungen. ★★

1. Dieses Brot ist frisch, jenes ist von gestern.
2. Nehmen wir nun dies........ oder jen........ Sofa?
3. Kennst du dies........ Mann und jen........ neben ihm auf dem Foto?
4. — Wie gefällt dir dies........ Rock?
   — Nicht besonders. Ich nehme lieber jen........ .
5. Dies........ Museum kenne ich gut, aber in jen........ war ich noch nie.
6. Dies........ Wecker möchte ich nicht. Jen........ gefällt mir besser.
7. Morgen brauche ich wieder dies........ Wörterbuch, jen........ nützt mir nichts.

8 Die Relativpronomen

1. Ergänzen Sie im Brief die fehlenden Relativpronomen: ***der, das, die, den, dem.*** ★★

Liebe Doris,

ich bin jetzt seit vier Tagen in München. Ich schreibe dir aus einem Straßencafé, ... ① hier in der Nähe vom Hotel ist. Das Hotel ist sehr schön. Ich habe es aus einem Stadtführer, ... ② ich schon in Köln gekauft hatte. Am Samstag war ich auf dem Marienplatz und auf dem Viktualienmarkt. Danach war ich in der Konditorei, ... ③ du mir empfohlen hattest. Am Sonntag war ich in der Alten Pinakothek und dann habe ich einen Münchner getroffen, ... ④ ich neulich im Zug kennengelernt hatte. Gestern war ich in der Stadt. Das kleine Schuhgeschäft, von .... ⑤ du mir erzählt hattest, ist jetzt eine tolle italienische Boutique! Das Wetter ist heute so schön! Ich genieße es!

Liebe Grüße

Lea

2. Welches Relativpronomen fehlt: ***der, das, die, den, dem*** **oder** ***denen?*** ★★

1. Ich habe die gleichen Ohrringe wie die, ... wir Alina geschenkt haben.
2. Monika hat mir ein Rezept für Apfelkuchen gegeben, ... sie von ihrer Mutter hat.
3. Heute Abend kommt zu uns ein neuer Kollege, ... aus Indien stammt.
4. Der Mann, mit .... ich mich vorhin unterhalten habe, ist mein Nachbar.
5. Kennst du die Leute, mit .... dein Freund spricht?
6. Das ist der Roman, über .... wir neulich gesprochen haben.

9 Das Verb im Präsens

1. Kreuzen Sie die richtige Form an. ★

1. ich: a) bin ✗ b) ist c) sind
2. du: a) habe b) hat c) hast
3. er, sie: a) wohnt b) wohne c) wohnen
4. wir: a) lernst b) lernen c) lernt
5. ihr: a) arbeitet b) arbeiten c) arbeitest
6. sie, Sie: a) brauche b) braucht c) brauchen

2. Ergänzen Sie die Tabelle. ★★

Person	wohnen	schreiben	hören	trinken	sein
ich		schreibe			bin
du	wohnst				
er, sie, es				trinkt	
wir			hören		sind
ihr	wohnt		hört		
sie, Sie		schreiben			

3. Setzen Sie das Verb in der richtigen Form ein. ★★

1. Du bist mein Freund. (sein)
2. Wir .... aus Asien. (kommen)
3. Unser Sohn .... Deutsch. (lernen)
4. .... Sie krank? (sein)
5. Ich .... nach Hause. (gehen)
6. .... ihr Zeit? (haben)
7. Die Kinder .... im Garten. (spielen)
8. Wie .... Sie? (heißen)

4. Füllen Sie die Tabellen aus. ★★

Person	nehmen	sprechen	geben	sehen
ich		spreche		
du				siehst
er, sie, es			gibt	
wir	nehmen			
ihr	nehmt			
sie, Sie			geben	

Person	lesen	werden	essen	vergessen
ich	lese			
du	liest		isst	
er, sie, es		wird		vergisst
wir			essen	
ihr		werdet		
sie, Sie				vergessen

5. Ergänzen Sie die Sätze mit den vorgegebenen Verben. Achtung! Fünf Verben passen in keinen Satz! ★

sprecht frisst wird gebt nimmt gibt fresst esst werde ✔
liest wirfst sprichst

1. Im Mai werde ich 29 Jahre alt.
2. Thomas .... ein Taxi.
3. Es .... bald dunkel.
4. Jana .... eine Zeitung.
5. .... du Englisch?
6. Heute Mittag .... es Fisch.
7. .... ihr gern Eis?

6. Ergänzen Sie die Tabelle. ★★

Person	schlafen	tragen	fahren	gefallen
ich			fahre	
du		trägst		
er, sie, es			fährt	gefällt
wir		tragen		
ihr	schlaft			gefallt
sie, Sie				

Person	laufen	schlagen	graben	fallen
ich	laufe		grabe	
du				fällst
er, sie, es		schlägt		
wir				fallen
ihr	lauft			
sie, Sie			graben	

7. Schreiben Sie das Verb in der richtigen Form in die Lücke. ★★

1. Der Apfel fällt nicht weit vom Stamm. (fallen)
2. Wer anderen eine Grube …………, ………… selbst hinein. (graben / fallen)
3. Wohin ………… du? (fahren)
4. Wir ………… oft am Fluss entlang. (laufen)
5. ………… ihr die Kiste nach oben? (tragen)
6. Das Kind ………… schon. (schlafen)
7. Die Uhr ………… Mitternacht. (schlagen)
8. Sie ………… glücklich über ihren Erfolg. (sein)
9. Wann ………… ihr mit dem Lehrer? (sprechen)

8. Bilden Sie Sätze wie im Beispiel. Setzen Sie die Verben im Präsens ein. ★★

1. vergessen - ein Elefant - nie

   Ein Elefant vergisst nie.
2. graben - der Hund - im Garten - ein Loch

   ……………………………………
3. laufen - der Junge - nach Hause

   ……………………………………
4. essen - Eva - gern - Fisch

   ……………………………………
5. fahren - Christian - Spanien - nach - morgen

   ……………………………………

9. Im Buchstabennetz sind verschiedene Personalformen von zehn Verben mit Vokalwechsel versteckt. Suchen Sie die 20 Verbformen und schreiben Sie sie zu den angegebenen Personalpronomen. ★★

P O **N** T E R E S E L O F T E W Ö R S
A U **E** B S E H E N A T O X N I M M T
S E **H** S T S R U A U B L I H R E S O
C B **M** T A S O B I F E L N E S S A V
H V **E** R G E S S E T O A S M T C T E
L I A A L N O V S I E H S T Y H Ö R
A L I G I B S T S L Ä U F T E L I G
F A S E R O H R E M S I T P O Ä M E
E I D O R X B Ä C H S T R Ü A F T S
N A E L Q U Ä G E F A H R E N T U S
W E R D E T L T E G R A U G E B T T
K K K A R I O F Ä H R S T E B F L U

ich: *nehme*, ……, ……, ……

du: ……, ……, ……, ……

er, sie, es: ……, ……, ……, ……

wir, sie, Sie: ……, ……, ……, ……

ihr: ……, ……, ……, ……

10. Welche dieser Verben sind trennbar, welche nicht? Sortieren Sie. ★★

vergessen ✔ vorstellen ✔ abgeben verschreiben ausgehen zurückkommen entstehen einkaufen abschreiben zumachen empfehlen wiederholen aufhören gefallen beginnen wegwerfen versuchen

trennbar: *vorstellen*, ……

……

nicht trennbar: *vergessen*, ……

……

11. Setzen Sie die trennbaren Verben ein. ★★

1. anklopfen — Ich *klopfe an.*
2. ausfüllen — …… du bitte das Formular ……?
3. aufstehen — Marion …… immer um 6 Uhr …….
4. anrufen — Sie …… mich heute Abend …….
5. einnehmen — Der Patient …… die Tabletten …….
6. umziehen — Wir haben eine neue Wohnung. Heute …… wir …….
7. zurückkehren — Linus …… morgen aus Rom …….
8. zubereiten — Sandra …… den Salat …….
9. vorstellen — Ich …… Ihnen Frau Berger …….
10. aufschreiben — Julia …… sich meine Telefonnummer …….
11. vorlesen — Der Lehrer …… uns den Text …….
12. anzünden — Der Vater …… sich eine Zigarette …….
13. umsteigen — Ich …… am Schlossplatz …….
14. fernsehen — Abends …… ich meistens …….

12. Welche Verben gehören in welche Sätze? ★★

aufschreiben ankommen abnehmen abwaschen ✔ einkaufen

1. Nach dem Essen *waschen* wir die Teller *ab*.
2. Ich .... die neuen Wörter ....
3. Der Zug .... um 12.24 Uhr ....
4. In diesem Geschäft .... wir gerne ....
5. Amelie macht eine Diät. Sie ....

13. Suchen Sie im Buchstabennetz neun Infinitive von trennbaren Verben. Setzen Sie diese Verben in der richtigen Form in die Lücken ein. ★★

E S **A U S G E B E N** S E N V E R L G
E S B S E N A U F S C H R E I B E N
G L F A U B B U M S T E I G E N R E
N T A R Ö D B E L N U M F I R A N B
S C H H R M I T B R I N G E N E S I
V O R L E S E N B E N Ü N E R L E G
E N E S S S G Z U V O R N A C H H I
N A N R U F E N E I N V I E L E E G
R Ü S S E A N P R O B I E R E N N X

1. Katja *gibt* nicht viel Geld für Schmuck *aus*.
2. Der Zug .... um 15.37 Uhr ....
3. Ich .... in Leipzig ....
4. Die Oma .... dem Enkel ein Märchen ....
5. Thomas .... seine Freundin ....,
6. An der Kreuzung .... Sie nach links ....
7. Ich .... mir deine Handynummer ....
8. Mein Bruder .... die neuen Schuhe ....
9. Wir .... Ben eine Überraschung ....

14. Beantworten Sie die Fragen. ★★★

1. Wo steigen Sie aus? *(in Hanau)*
   Ich steige in Hanau aus.
2. Wann stehst du auf? *(um halb sieben)*
3. Wann zieht ihr um? *(im April)*
4. Mit wem geht Eva aus? *(mit Martin)*
5. Wann fahren sie weg? *(morgen früh)*
6. Wo kaufst du ein? *(auf dem Wochenmarkt)*
7. Wer macht die Tür auf? *(Verena)*
8. Wen rufst du an? *(Tante Petra)*
9. Wer setzt immer seine Meinung durch? *(mein Freund)*
10. Nach wem dreht Karsten sich um? *(nach einer Frau)*

15. Bilden Sie Sätze. Beachten Sie, dass einige Verben trennbar, andere nicht trennbar sind. ★★★

1. vergessen - Monika - immer - meinen Geburtstag
   Monika vergisst immer meinen Geburtstag.
2. ausgehen - Felix - gern - mit Johanna
3. verstehen - ich - den Text - nicht
4. abschicken - du - die E-Mail - an Karin

5. zuhören - die Kinder - der Erzieherin

....

6. verschreiben - der Arzt - mir - starke Medikamente

....

7. übersetzen - Franziska - den Text - ins Spanische

....

8. anfangen - der Unterricht - um 8 Uhr

....

16. Reflexive Verben - welches Reflexivpronomen passt? ★★

1. Ich freue mich.	sich - mich - uns
2. Du beeilst	dich - uns - mich
3. Sie irren	sich - euch - uns
4. Das Mädchen ärgert	sich - dich - uns
5. Wir ziehen .... an.	sich - euch - uns
6. Die Mädchen kämmen	euch - dich - sich
7. Ihr irrt	uns - euch - mich

17. Welches Reflexivpronomen fehlt? Ergänzen Sie die Sätze. ★★

1. Mateja freut sich über das schöne Geschenk.
2. Der neue Praktikant vertippt .... selten.
3. Ich verspäte .... nie.
4. Tom und Ali unterhalten .... gern.
5. Du sonnst .... oft.
6. Monika unterhält .... seit einer Stunde.
7. Meine Kinder erkälten .... nie.
8. Wir schämen .... für unser Verhalten.
9. Der Junge ärgert ....

10 Das Verb im Präteritum

1. Präsens oder Präteritum? Wie heißt der Infinitiv? ★

1. Gestern war ich im Kino. Präteritum, sein
2. Wir haben Durst. ....
3. Stefan wollte Arzt werden. ....
4. Ich studierte Mathematik. ....
5. Antje ist erkältet. ....
6. Du schreibst eine Übung. ....
7. Emir brauchte das Buch. ....
8. Liv kaufte zwei Hefte. ....
9. Wir haben viel Arbeit. ....
10. Wir wussten nichts davon. ....

2. Schreiben Sie die Sätze im Präsens. ★

1. Gestern waren wir im Zirkus. *(heute, zu Hause)*
   Heute sind wir zu Hause.
2. Am Freitag hatte ich eine Prüfung. *(heute, keine Prüfung)*
   ....
3. Gestern warst du traurig. *(heute, glücklich)*
   ....
4. Vorgestern hatte Marc Schnupfen. *(heute, Fieber)*
   ....
5. Im Herbst hatten wir viel Arbeit. *(jetzt, Zeit)*
   ....
6. Im Urlaub wart ihr auf Ibiza. *(jetzt, zu Hause)*
   ....
7. Letzte Woche ging es mir nicht so gut. *(diese Woche, besser)*
   ....

3. Ergänzen Sie den Dialog zwischen Arbeitskollegen mit *war, warst, waren, hatte, hattest* oder *hatten.* ★★

— Wir waren gestern im Kino.

— .... ① der Film interessant?

— Ja, sehr. Und wo .... ② du?

— Ich .... ③ zu Hause. Mein Sohn .... ④ Geburtstag.

— .... ⑤ es eine schöne Feier?

— Ja. Seine Freunde .... ⑥ da. Sie .... ⑦ alle viel Spaß.
Und dann .... ⑧ meine Frau viel Arbeit.

— Und du? .... ⑨ du keine Arbeit?

— Doch. Wir .... ⑩ beide viel zu tun!

4. Formulieren Sie die Sätze mit dem Präteritum um. ★★

1. Ich will nach Frankfurt fahren.
   Ich wollte nach Frankfurt fahren.
2. Die Kinder wollen ins Kino gehen.
   ....
3. Ihr sollt hier aufräumen.
   ....
4. Ich muss meinen Pullover waschen.
   ....
5. Nelia darf heute länger schlafen.
   ....
6. Du kannst gut singen.
   ....
7. Ihr müsst euch beeilen!
   ....
8. Wir können die Aufgabe lösen.
   ....

5. Vervollständigen Sie die Tabelle. ★

Infinitiv	Präsens	Präteritum
sein	ich bin	ich war
	wir sind	
	ich habe	
haben	er	er
werden	ich werde	
	wir wurden	
müssen	du musst	
		er musste
	ich soll	
		du solltest
	wir dürfen	
dürfen		er durfte

6. Formulieren Sie die Sätze im Präteritum. ★★

1. Jetzt kann ich Auto fahren. *(vor einem Jahr, noch nicht)*
   Vor einem Jahr konnte ich noch nicht Auto fahren.
2. Anne ist jetzt gesund. *(vor einer Woche, krank)*
3. Jan und Christina haben heute Zeit. *(gestern, eine Prüfung)*
4. Wir wollen jetzt ins Kino gehen. *(am Montag, in den Club gehen)*
5. Frida kann heute zu mir kommen. *(gestern, nicht)*
6. Marvin darf wieder schwimmen. *(bis gestern, nicht)*

7. Suchen Sie im Buchstabennetz 18 Verben im Präteritum und setzen Sie diese in die Sätze ein. ★★

O B E S U C H T E N W O I S S Ü C H
A X **S** C H R I E B A U S T I X R E O
B E **A** H M E T E R O Q U E S T E P L
S C **H** L L I X B A M S T O A P L E A
M N **E** I S Ö Ä B C D O S T E A A B C
L A **N** E L A V W H O A R E W U S C H
B L A F T E M A T T E A L A W E S T
B O R E S P I R E D E T E R U N G E
W O H N T E S T S A T T F T Ä S P N
U R O G U P F I T Z O P O E A A L E
R F P A D U L R N A S B N T W D M K
D T I O E X O T S C H W I E B S T O
E L M A R O G T A R T E E S Ö L R T
B E K A M T E I C H A A R T R A U B
L O N G O N N Ü H E R B T A T A G A
M I O V E R S T A N D B E I Y O K O

1. Wir *sahen* gestern einen italienischen Film.
2. Sie .... so leise, dass ich kein Wort ....
3. Früher .... ich Gedichte.
4. Um 19 Uhr .... die Babys schon.
5. Was .... du in den Keller?
6. Unser Sohn .... im März eine starke Erkältung, aber nach zehn Tagen .... er wieder gesund.
7. Ich .... mir die Haare und Ute .... mit Rita.
8. Es ist fast Mitternacht! Wo .... ihr so lange?
9. Wir .... unseren Freund, der eine neue Wohnung hat.
10. Wo ....du auf mich?
11. Heute .... wir in der Schule eine schöne Geschichte.
12. Wir ...., weil du auch in Plauen ....
13. Im Urlaub .... die Müllers nach Israel.
14. Katja .... ein neues Kleid.

8. Ergänzen Sie die Verbformen (Präteritum, Präsens). ★

1. ich kaufe	ich kaufte	9. wir suchen	wir suchten
2. wir kochen	....	10.	du tipptest
3. er schreibt	er schrieb	11. du kommst	du kamst
4. sie steigen ein	....	12.	ich trug
5. ich komme	....	13.	wir fuhren ab
6. wir trinken aus	....	14.	ihr gingt
7. ihr lauft	....	15.	sie aßen
8. du schläfst	....	16.	Sie brachen ab

9. Setzen Sie die Verben ins Präteritum. ★★

Ich wurde (werden) ① am 17. Oktober 1996 geboren. Im September 2003 .... (kommen) ② ich in die Schule. Zuerst .... (besuchen) ③ ich die Grundschule, dann das Gymnasium. 2015 .... (verlassen) ④ ich das Gymnasium erfolgreich. Nach meinem Abitur .... (wollen) ⑤ ich zuerst im Ausland arbeiten. Ich .... (sich bewerben) ⑥ als Au-pair-Mädchen bei einer englischen Familie. Von August 2015 bis Februar 2018 .... (arbeiten) ⑦ ich also in London und .... (lernen) ⑧ Englisch. Im Februar 2018 .... (fliegen) ⑨ ich nach Deutschland zurück. In meiner Heimatstadt .... (bekommen) ⑩ ich eine Stelle in einem Zeitungsladen. Aber ich .... (wollen) ⑪ studieren und .... (schicken) ⑫ meine Papiere an die Universität. Ich .... (haben) ⑬ Glück: Ich .... (bekommen) ⑭ einen Studienplatz und .... (beginnen) ⑮ im Herbst 2018 mein Studium.

11 Das Verb im Perfekt und als Partizip II

1. Bilden Sie das Partizip II wie im Beispiel. ★★

1. legen *gelegt*
2. machen ……
3. kochen ……
4. kaufen ……
5. sparen ……
6. fragen ……
7. ablegen *abgelegt*
8. ausmachen ……
9. einkaufen ……
10. aufhören ……
11. abholen ……
12. versuchen *versucht*
13. verkaufen ……
14. befragen ……
15. besuchen ……
16. bestellen ……
17. gehören ……
18. fotografieren *fotografiert*
19. studieren ……
20. telefonieren ……
21. reparieren ……
22. kopieren ……

2. Ergänzen Sie die Sätze mit dem Partizip II. ★★

1. Ich suche mein Buch. → Ich habe mein Buch *gesucht*.
2. Adam legt die Prüfung ab. → Adam hat die Prüfung …… .
3. Wir verkaufen unser Auto. → Wir haben unser Auto …… .
4. Sabine färbt sich die Haare. → Sabine hat sich die Haare …… .
5. Ich kaufe Obst. → Ich habe Obst …… .
6. Das Kind malt ein Bild. → Das Kind hat ein Bild …… .
7. Die Mutter erholt sich. → Die Mutter hat sich …… .
8. Nina besucht ihren Opa. → Nina hat ihren Opa …… .
9. Peter informiert seinen Freund. → Er hat seinen Freund …… .
10. Das Kind schaut den Vögeln zu. → Das Kind hat den Vögeln …… .
11. Sie strengen sich sehr an. → Sie haben sich sehr …… .

3. Bilden Sie Sätze im Perfekt. ★★

1. schenken - Martin - ein Buch - seiner Freundin
   Martin hat seiner Freundin ein Buch geschenkt.
2. kaufen - gestern - wir - einen Kühlschrank
   ....
3. bellen - lange - der Hund - am Nachmittag
   ....
4. abschicken - Nadja - noch nicht - den Brief
   ....
5. ausschalten - wer - den Computer ?
   ....
6. versuchen - ich - alles - wirklich
   ....
7. erzählen - der Mann - alles - dem Anwalt
   ....
8. treffen - ich - meinen Freund - am Wochenende
   ....

4. Welches Partizip II passt in welchen Satz? ★

gedacht mitgebracht gewusst gerannt ✔ genannt verbracht verbrannt ausgedacht

1. Die Kinder sind schnell *gerannt*.
2. Der Dieb hat alle Dokumente ....
3. Sie hat ihren Namen nicht ....
4. Was hast du dir dabei .... ?
5. Wir haben in Spanien einen schönen Urlaub ....
6. Ich habe dir eine CD ....
7. Ich habe darüber nichts ....
8. Finn hat sich etwas Verrücktes ....

5. Ergänzen Sie die Sätze. Suchen Sie das jeweils passende Verb aus und setzen Sie es in der richtigen Partizip-II-Form ein. ★★

vorstellen nähen schälen tanzen gratulieren verirren kaufen ✔
anprobieren kochen erledigen putzen

1. Sandra hat sich gestern ein Kleid gekauft.
2. Die Mutter hat Suppe ....
3. Ich weiß nicht, wie er heißt. Er hat sich nicht ....
4. Ida und Jannik haben Tango ....
5. Andreas hat sich schon die Zähne ....
6. Meine Mutter hat mir dieses Kostüm ....
7. Hast du alles ....?
8. Wir haben ihm schon zum Geburtstag ....
9. Hast du schon die Kartoffeln ....?
10. Haben Sie die blaue Jacke ....?
11. Hänsel und Gretel haben sich im Wald ....

6. Suchen Sie zu jedem Infinitiv das passende Partizip II. ★

gesprungen gesessen getrunken ✔ getragen gefahren gelegen
gesungen eingestiegen gegessen gesehen gefallen gesprochen
verstanden verschlafen gelaufen ausgegangen

1. trinken	getrunken	9. verstehen	....
2. singen	....	10. ausgehen	....
3. fahren	....	11. einsteigen	....
4. laufen	....	12. sitzen	....
5. sprechen	....	13. essen	....
6. tragen	....	14. verschlafen	....
7. fallen	....	15. springen	....
8. sehen	....	16. liegen	....

7. Welches Partizip II passt in welchen Satz? ★

verloren verschrieben gelesen eingestiegen ✔ gekommen
gesehen gesungen geschlafen gewaschen gefallen gesprungen

1. Alle Passagiere sind ins Flugzeug eingestiegen.
2. Manja hat sich die Haare ....
3. Akemi ist aus Japan ....
4. Wie hat euch der Film .... ?
5. Der Arzt hat mir Tabletten ....
6. Die Schwimmer sind ins Wasser ....
7. Ich habe den Text noch nicht ....
8. Die Kinder haben laut ....
9. Hast du die Fotos .... ?
10. Jola hat ihre Geldbörse ....
11. Ich habe diese Nacht nur vier Stunden ....

8. Bilden Sie das Partizip II. ★★

1. Wir haben lange darüber (sprechen) gesprochen.
2. Am Sonntag sind wir früh (aufstehen) ....
3. Wir sind an den See (fahren) ....
4. Die Sonne hat (scheinen) ....
5. Wir haben das schöne Wetter (genießen) ....
6. Wir sind im See (schwimmen) ....
7. Zu Mittag haben wir im Restaurant (essen) ....
8. Wir haben Gulasch (bestellen) ....
9. Dazu haben wir Apfelsaft (trinken) ....
10. Das Mittagessen ist sehr gut (sein) ....
11. Nach dem Essen sind wir nach Hause (laufen) ....

9. Suchen Sie im Buchstabennetz (waagerecht und senkrecht) zwölf weitere Partizipien II. ★★

A I C H A U S G E T R U N K E N B A U
B O N G E N G T G A U S G E G E B E N
G E W O R D E N E R T Y A T E H F X B
E Ü B R O M S E T I X M N E F G E T E
H G E G A N E S R **V E R G R A B E N** W
O V E S S Y H V I E R O W C H E R A O
B E K O M M E N E R U B N I R D A T R
E M L Q U E N Ü B S T U D I E R T O B
N S A K I T T E E U M E R H N G B P E
R A K S H A B A N C S L Y M O P I K N
A T Y B E Z C I C H S U P O W A T S C
S V E R H A F T E T Ä I S D O P E T E

Ergänzen Sie die Sätze mit den Partizipien, die Sie oben gefunden haben.

1. Die Piraten haben auf der Insel einen Schatz *vergraben*.
2. Ich habe es mehrfach ...., aber ohne Erfolg.
3. Barbara hat von ihrem Konto viel Geld ....
4. Hast du schon einen Bescheid ....?
5. Sind Sie mit dem Zug oder mit dem Auto ....?
6. Wofür hast du so viel Geld ....?
7. Michael hat Chemie in Berlin ....
8. Ich habe mich um eine Stelle als Reiseleiter ....
9. Unser Sohn ist 10 Jahre alt ....
10. Wann hast du den Film ....?
11. Die Polizei hat den Dieb ....
12. Früher habe ich regelmäßig Sport ....
13. Paul hat die Milch ....

10. *Haben* oder *sein*? Vervollständigen Sie die Sätze. ★

1. Maren *ist* gestern bei ihrer Oma gewesen.
2. Im Urlaub .... wir nach Griechenland geflogen.
3. Die Touristen .... die Kirche besichtigt.
4. Wir .... ins Reisebüro gegangen und .... uns eine Reise ausgesucht.
5. Frank .... seinen Rucksack gepackt.
6. Sally .... im Urlaub viele Postkarten geschrieben.
7. Aaron .... mit dem Mietauto nach Salzburg gefahren.
8. Wir .... oft baden gegangen.

11. Formulieren Sie Sätze im Perfekt. ★★★

1. anfangen - der Film - vor zehn Minuten
   Der Film hat vor zehn Minuten angefangen.
2. einfallen - mir - eine Frage - noch
   ....
3. bekommen - wir - alle Dokumente - schon
   ....
4. informieren - er - mich - über seine Arbeit
   ....
5. sich verlieben - Pascal - in Olivia
   ....
6. fahren - Julia - nach Prag - vorgestern
   ....
7. versprechen - Rainer - seinem Sohn - was ?
   ....
8. abfahren - der Zug - wann ?
   ....
9. gehen - Marina - wohin ?
   ....

12. Was hat Familie Franke heute alles gemacht? Sagen Sie es im Perfekt. ★★★

1. Der Wecker klingelt um 6.10 Uhr.
   Der Wecker hat um 6.10 Uhr geklingelt.
2. Frau Franke steht auf.
   ....
3. Sie geht ins Bad, duscht und zieht sich an.
   ....
4. Dann weckt sie ihren Mann.
   ....
5. Danach bereitet sie das Frühstück vor.
   ....
6. Ihr Mann weckt die Tochter.
   ....
7. Um 6.45 Uhr frühstücken alle in der Küche.
   ....
8. Um 7.00 Uhr geht Herr Franke ins Büro.
   ....
9. Die Tochter packt ihre Schultasche.
   ....
10. Dann fährt sie mit dem Rad in die Schule.
    ....
11. Frau Franke wäscht noch schnell ab.
    ....
12. Um 7.40 Uhr geht sie aus dem Haus.
    ....
13. Sie beginnt ihre Arbeit um 8.30 Uhr.
    ....
14. Von 12.30 Uhr bis 13.00 Uhr hat sie Mittagspause.
    ....
15. Sie isst einen Salat und spricht mit ihren Kolleginnen.
    ....

16. Sie beendet ihre Arbeit um 17 Uhr.

17. Nach der Arbeit macht sie Einkäufe.

18. Um 18.30 Uhr kommt sie nach Hause.

19. Die Tochter deckt den Tisch.

20. Herr Franke holt die Getränke aus dem Keller.

21. Frau Franke macht das Essen.

22. Nach dem Abendbrot spült Herr Franke das Geschirr.

23. Frau Franke bügelt die Wäsche und telefoniert mit einer Freundin.

24. Um 22.40 Uhr gehen sie schlafen.

13. Präsens oder Perfekt? Setzen Sie die Perfekt-Sätze ins Präsens und die Präsens-Sätze ins Perfekt. ★★

1. Antonia ist 16 Jahre alt geworden. *Perfekt*
   Präsens: Antonia wird 16 Jahre alt.
2. Marc hat sich einen Anzug gekauft.
3. Ich besuche Tamara.
4. Franziska trinkt Tee mit Zitrone.
5. Der Arzt untersucht den verletzten Mann.

12 Der Imperativ

1. Bilden Sie den Imperativ in der 2. Person Singular. ★★

1. Du sollst kommen. *Komm!* ……………………
2. Du sollst sprechen. ……………………
3. Du sollst essen. ……………………
4. Du sollst zuhören. ……………………
5. Du sollst den Mund aufmachen. ……………………
6. Du sollst still sein. ……………………
7. Du sollst arbeiten. ……………………

2. Bilden Sie den Imperativ in der 1. Person Plural. ★★

1. Wir sollten helfen. *Helfen wir!* ……………………
2. Wir sollten arbeiten. ……………………
3. Wir sollten gehen. ……………………
4. Wir sollten einsteigen. ……………………
5. Wir sollten aufhören. ……………………
6. Wir sollten aufpassen. ……………………

3. Bilden Sie den Imperativ in der 2. Person Plural. ★★

1. Ihr sollt die Fenster schließen. *Schließt die Fenster!* ……………………
2. Ihr sollt aufpassen. ……………………
3. Ihr sollt ruhig sein. ……………………
4. Ihr sollt schreiben. ……………………
5. Ihr sollt rechnen. ……………………
6. Ihr sollt Milch trinken. ……………………
7. Ihr sollt lernen. ……………………

4. Äußern Sie eine höfliche Bitte (3. Person Plural). ★★

1. mir helfen — *Helfen Sie mir bitte!*
2. uns den Weg zeigen ....
3. hier unterschreiben ....
4. um 9.30 Uhr kommen ....
5. nett sein ....
6. den Text lesen ....
7. mir Ihren Namen sagen ....
8. langsamer sprechen ....
9. hier aussteigen ....
10. nicht so schnell fahren ....

5. Wie sagt man es im Imperativ? ★★

1. Du sollst zum Arzt gehen.
   Geh zum Arzt!
2. Wir sollten der Oma helfen.
   ....
3. Ihr sollt hier aufräumen.
   ....
4. Wir sollen das Medikament abholen.
   ....
5. Du sollst die Tabletten einnehmen.
   ....
6. Ihr sollt Sport treiben.
   ....
7. Sie sollen im Bett bleiben. (Höflichkeitsform)
   ....
8. Sie sollen leise sein.
   ....

13 Die Modalverben

1. Verwenden Sie die richtige Form des Modalverbs. ★

a) **müssen:** muss ✔ - musst - müssen - müsst

1. Maxim muss noch das Auto in die Garage fahren.
2. Ihr .... Petra bald anrufen.
3. Die Kinder .... ihre Hausaufgaben machen.
4. .... du heute arbeiten?
5. Herr Schneider, wann .... Sie nach Berlin fahren?

b) **wollen:** will - willst - wollen - wollt

1. Sascha .... jetzt nichts essen.
2. .... Sie eine Hose oder einen Rock kaufen?
3. Wir .... bald nach Italien fahren.
4. .... du mitkommen?
5. .... ihr einen Spaziergang machen?

c) **können:** kann - kannst - können - könnt

1. Ich .... gut schwimmen.
2. Yvonne und Roger .... erst im Herbst heiraten.
3. Wir .... morgen einen Ausflug machen.
4. .... du dieses Wort übersetzen?
5. .... ihr uns am Sonntag besuchen?

d) **sollen:** soll - sollst - sollen - sollt

1. Was .... du machen?
2. .... ihr jetzt auch aufräumen?
3. Die Schüler .... eine Tabelle ausfüllen.
4. Wir .... bis Freitag alles wiederholen.
5. Ich .... diesen Brief abtippen.

e) **dürfen:** darf - darfst - dürfen - dürft

1. Du .... nicht rauchen.
2. Wir .... hier nicht parken.
3. Ich .... zwei Stunden lang nichts essen.
4. Kinder .... keinen Alkohol trinken.
5. .... ihr schon nach Hause gehen?

2. Finden Sie die passenden Personalpronomen. ★

1. ich / er / sie / es muss
2. ...... / ...... / ...... müssen
3. ...... / ...... / ...... / ...... kann
4. ...... / ...... / ...... / ...... soll
5. ...... sollst
6. ...... / ...... / ...... / ...... darf
7. ...... wollt
8. ...... willst

3. Wählen Sie die richtige(n) Verbform(en): ★★

1. Ich muss jetzt nach Hause gehen.	musst - müsst - muss ✔
2. .... ihr mit ins Kino gehen?	darf - darfst - dürft
3. Er .... Auto fahren.	darf - darfst - dürfen
4. Du .... hier wirklich wohnen?	wollt - wollen - willst
5. Wir .... jetzt schlafen.	wollen - wollt - will
6. .... du mir helfen?	kann - könnt - kannst
7. .... Sie etwas lauter sprechen?	könnt - können - kann
8. Hier .... nicht geraucht werden.	kann - darf - muss
9. Du .... dein Zimmer aufräumen!	sollst - darfst - kannst

4. Beantworten Sie die Fragen wie im Beispiel. ★★

1. Was soll Robert machen? *(seine Hemden in den Schrank legen)*
   Robert soll seine Hemden in den Schrank legen.
2. Was soll Helene machen? *(das Geschirr in die Küche bringen)*
3. Was willst du? *(morgen mit Susanne nach Bonn fahren)*
4. Was kann ich für Sie tun? *(mir den Weg zum Rathaus zeigen)*
5. Wer darf hier parken? *(nur Anwohner)*
6. Was wollt ihr? *(in eine größere Wohnung ziehen)*
7. Was müsst ihr machen? *(viele neue Wörter lernen)*
8. Was soll ich tun? *(dich beeilen)*

5. Schreiben Sie Sätze wie im Beispiel. ★★

1. Ich lese ein interessantes Buch. *(wollen)*
   Ich will ein interessantes Buch lesen.
2. Wir lernen deutsche Sprichwörter. *(sollen)*
3. Sprichst du fließend Französisch? *(können)*
4. Manuela fährt morgen nach Italien. *(wollen)*
5. Die Eltern rufen einen Arzt an. *(müssen)*
6. Dirk geht um halb zwei nach Hause. *(dürfen)*

14 Die Deklination der Adjektive

1. Formen Sie die Sätze wie im Beispiel um. ★★

1. Dieser Bahnhof ist groß.
   Das ist ein großer Bahnhof.
2. Dieser Betrieb ist klein.
   ....
3. Dieser Park ist schön.
   ....
4. Dieser Spielplatz ist kinderfreundlich.
   ....
5. Diese Tankstelle ist groß.
   Das ist eine große Tankstelle.
6. Diese Schule ist klein.
   ....
7. Diese Straße ist breit.
   ....
8. Diese Mauer ist hoch.
   ....
9. Dieses Theater ist neu.
   Das ist ein neues Theater.
10. Dieses Restaurant ist ausgezeichnet.
    ....
11. Dieses Hotel ist teuer.
    ....
12. Diese Straßen sind breit.
    Das sind breite Straßen.
13. Diese Häuser sind modern.
    ....
14. Diese Gärten sind schön.
    ....

2. Setzen Sie die fehlende Endung ein. ★★

1. Das ist ein interessant*es* Buch.
2. Das ist ein gefährlich...... Sport.
3. Das ist eine gut...... Tanzschule.
4. Das sind neu...... Filme.
5. Das ist ein schön...... Hobby.
6. Das sind lang...... Exkursionen.
7. Das ist ein langweilig...... Roman.
8. Das ist eine bekannt...... Oper.
9. Das ist ein alt...... Lied.
10. Das sind kostbar...... Skulpturen.

3. Verbinden Sie die Adjektive mit dem bestimmten Artikel. ★★

1. ein neuer Radiergummi	der *neue* Radiergummi
2. ein spannender Text	der ...... Text
3. ein guter Füller	der ...... Füller
4. ein toller Kurs	der ...... Kurs
5. eine leichte Übung	die *leichte* Übung
6. eine komplizierte Aufgabe	die ...... Aufgabe
7. eine kleine Federmappe	die ...... Federmappe
8. eine schöne Geschichte	die ...... Geschichte
9. ein gutes Lehrbuch	das *gute* Lehrbuch
10. ein langes Lineal	das ...... Lineal
11. ein praktisches Beispiel	das ...... Beispiel
12. einfache Sätze	die *einfachen* Sätze
13. deutsche Lieder	die ...... Lieder
14. neue Regeln	die ...... Regeln

4. Ergänzen Sie die Adjektivendungen. ★★

1. Der graue........ Pullover ist schmutzig.
2. Das weiß........ Kleid ist zu kurz.
3. Der blau........ Mantel gefällt mir gut.
4. Die braun........ Schuhe sind unbequem.
5. Die gelb........ Jacke ist preiswert.
6. Die schwarz........ Handschuhe sind aus Ziegenleder.
7. Das grün........ Kostüm ist neu.
8. Die rot........ Bluse ist für Ida.
9. Der teur........ Hut ist elegant.
10. Die gestreift........ Krawatte ist nicht hübsch.

5. Verwenden Sie die Adjektive in der richtigen Form. ★★★

1. rot — Der rote........ Apfel schmeckt gut.
2. alt — Die .... Brötchen sind hart.
3. blind — Ein .... Huhn findet auch ein Korn.
4. korrekt — Das ist eine .... Antwort.
5. neu — Der .... Schüler kommt aus Wien.
6. gut — Frau Telemann ist eine .... Lehrerin.
7. bunt — Die .... Blumen gefallen mir.
8. klein — .... Hunde bellen laut.
9. nett — Eine .... Frau hat mir den Weg gezeigt.
10. elegant — Ein .... Kleid muss nicht immer teuer sein.
11. fett — .... Speisen sind ungesund.

6. Ergänzen Sie die Sätze wie im Beispiel. ★★

1. Das ist ein großer Park. Ich gehe in einen *großen Park*.
2. Das ist ein schöner Platz. Ich betrete einen ....
3. Das ist ein hoher Turm. Wir fotografieren einen ....
4. Das ist eine breite Straße. Ich sehe eine *breite* Straße.
5. Das ist eine alte Schule. Wir besuchen eine ....
6. Das ist eine gute Gaststätte. Ich gehe in eine ....
7. Das ist ein altes Schloss. Wir besichtigen ein *altes* Schloss.
8. Das ist ein nettes Café. Wir gehen in ein ....
9. Das ist ein neues Krankenhaus. Man baut hier ein ....
10. Das sind braune Schuhe. Ich möchte *braune* Schuhe.
11. Das sind warme Handschuhe. Irina kauft ....
12. Das sind goldene Ohrringe. Anja trägt ....

7. Suchen Sie die korrekte Form aus. ★★

1. Edgar braucht eine *neue* Brille.	neu - neue ✔ - neuen
2. Der Vater bekommt einen .... Pullover.	blauen - blaues - blauer
3. Anna und ihre .... Schwester spielen Ball.	klein - kleiner - kleine
4. Die .... Lehrerin ist streng.	neue - neuen - neues
5. Wir kennen das .... Museum.	Historisches - Historischen - Historische
6. Der .... Junge heißt Manuel.	kleiner - kleines - kleine
7. Hast du ein .... Wörterbuch?	gute - gutes - guten
8. Mein .... Hund heißt Bruno.	alten - alter - altes
9. Wir haben ein sehr .... Auto.	schnell - schnelle - schnelles

8. Verbinden Sie Substantiv und Adjektiv wie im Beispiel. ★★

1. Wein, französisch — *französischer Wein*
2. Sekt, trocken — ....
3. Schinken, mager — ....
4. Milch, frisch — *frische Milch*
5. Schokolade, weiß — ....
6. Margarine, gut — ....
7. Fleisch, fett — *fettes Fleisch*
8. Bier, kühl — ....
9. Essen, gesund — ....
10. Kartoffeln, neu — *neue Kartoffeln*
11. Tomaten, reif — ....
12. Äpfel, saftig — ....

9. Ergänzen Sie die richtigen Endungen. ★★

1. italienisch*er* Wein
2. französisch...... Käse
3. polnisch...... Wodka
4. schwedisch...... Brot
5. norwegisch...... Käse
6. kubanisch...... Zigarren
7. afrikanisch...... Kunst
8. spanisch...... Orangen
9. deutsch...... Bier
10. russisch...... Kaviar
11. holländisch...... Tomaten
12. eine dänisch...... Schriftstellerin
13. brasilianisch...... Kaffee
14. indisch...... Tee
15. deutsch...... Radieschen
16. belgisch...... Pralinen
17. japanisch...... Theater
18. italienisch...... Mode
19. ungarisch...... Musik
20. griechisch...... Geschichte
21. mexikanisch...... Speisen
22. chinesisch...... Porzellan
23. eine finnisch...... Sauna
24. ein französisch...... Lied

10. Ergänzen Sie die Übersicht. ★★

Artikel	Nominativ	Akkusativ
bestimmt	der blaue Anzug	den .... Anzug
	die .... Hose	die lange Hose
	das neue Hemd	das .... Hemd
	die alten Schuhe	die .... Schuhe
unbestimmt	ein großer Bahnhof	einen .... Bahnhof
	eine .... Schule	eine gute Schule
	ein .... Museum	ein altes Museum
	neue Häuser	.... Häuser
ohne	starker Kaffee	.... Kaffee
	.... Milch	frische Milch
	.... Bier	gutes Bier
	kalte Getränke	.... Getränke

11. Ergänzen Sie die fehlenden Endungen. ★★★

1. Wir brauchen frisch<u>es</u> Brot, spanisch<u>en</u> Wein, saur<u>e</u> Sahne und schwarz<u>e</u> Oliven.
2. — Haben Sie mehlig...... Kartoffeln?
   — Nein, heute gibt es nur festkochend...... Kartoffeln.
3. Ich kaufe mager...... Käse und roh...... Schinken.
4. Alt...... Brötchen esse ich nicht gern.
5. Möchten Sie süß...... oder scharf...... Paprika?
6. Kauft bitte grün...... Salat, neu...... Kartoffeln und frisch...... Eier.
7. Nehmen Sie französisch...... Cognac, spanisch...... Rotwein oder schottisch...... Whisky?

12. Setzen Sie die Adjektive im Dativ ein. ★★

1. gut — Er wohnt bei einem *guten* Freund.
2. schnell — Ich fahre gern mit diesem .... Auto.
3. rund — Das Mädchen mit der .... Brille heißt Regine.
4. neu — Warst du schon in dem .... Kaufhaus?
5. interessant — Wer ist mit diesen .... Vorschlägen einverstanden?
6. freundlich — Ich spreche mit der .... Nachbarin.
7. groß — Ich kaufe eine Jacke mit einem *großen* Kragen.
8. toll — Franka fährt mit einem .... Sportauto.
9. hübsch — Anna tanzt mit einem .... Mädchen.
10. französisch — Ich habe dieses Rezept aus einem .... Kochbuch.
11. leise — Er entspannt sich bei *leiser* Musik.
12. alt — Sie besuchte uns mit .... Freunden.
13. kühl — Die Leute diskutieren bei .... Bier.
14. grün / gebraten — Wir bestellen Steaks mit .... Salat und .... Bohnen.

13. Setzen Sie die Adjektive im Genitiv ein. ★★

1. gut — die Adresse des *guten* Zahnarztes
2. krank — die Pflege des .... Patienten
3. nett — die Namen der .... Angestellten
4. wirksam — der Name eines *wirksamen* Medikaments
5. süß — der Preis eines .... Hustensaftes
6. neu — die Wirkung .... Medikamente
7. stark — der Geschmack *starken* Tees
8. frisch — der Geruch .... Brotes
9. reif — die Farbe .... Blaubeeren

14. Welche Adjektive passen? ★★

frischen besten netter köstliche feinem runden ✔ heller gehackten gebratenen

Wir sitzen an einem *runden* Tisch und trinken den .... ① Wein.
Ein .... ② Kellner bringt uns auch .... ③ Fisch
mit .... ④ Soße, Kartoffeln und .... ⑤ Gemüse.
Als Dessert gibt es .... ⑥ Obstsalat mit .... ⑦
Mandeln oder eine .... ⑧ Mokkacreme.

gemütliche moderne alten ✔ zweiten weiche bunter beste kleine bequemer gemütlichen bunte besten

In diesem *alten* Haus wohnt meine .... ① Freundin.
Sie hat eine .... ② Wohnung im .... ③ Stock.
In ihrer .... ④ Wohnung gibt es .... ⑤ Möbel,
.... ⑥ Bilder und .... ⑦ Teppiche. Der
.... ⑧ Balkon ist voller .... ⑨ Blumen. Dort steht
auch ein .... ⑩ Liegestuhl meiner .... ⑪ Freundin.

15. Ergänzen Sie die Adjektivendungen. ★★★

1. Mein jünger*er* Bruder hat sich ein schnell...... Motorrad gekauft.
2. Der klein...... Sohn meiner neu...... Nachbarin ist ein nett...... Junge.
3. Die grün...... Bluse mit dem groß...... Kragen gefällt mir nicht.
4. Suchen Sie einen warm...... oder einen leicht...... Pullover?
5. Ich möchte ein groß...... Bier, gekocht...... Fisch mit Reis und eine klein...... Portion Tomatensalat.
6. Mein alt...... Fernseher ist kaputt, also kaufe ich einen neu.......
7. Silvia hat viele ausländisch...... Freundinnen, denen sie lang...... Briefe schreibt.

15 Das Adverb

1. Suchen Sie in den Sätzen die Adverbien. ★

1. Damals wohnten wir hier. damals, hier
2. Die Kommode steht rechts. ....
3. Ich gewann im Lotto. Ich freue mich darüber. ....
4. Endlich bist du gekommen! ....
5. Ich beende erst meine Arbeit, danach trinke ich Kaffee. ....
6. Es gibt stündlich einen Zug dorthin. ....
7. Jetzt bin ich gerade beschäftigt. ....
8. Andreas kommt morgen. ....
9. Axel kann sehr schnell rechnen. ....
10. Ilona ist heute ziemlich müde. ....

2. Wählen Sie das passende Adverb aus. ★

hier bereits oft montags wann jetzt so wie damals frühestens

1. .... konnte das passieren?
2. Ich habe es einfach .... gemacht, ohne dich zu fragen.
3. .... konnte ich noch kein Deutsch.
4. Er kommt .... am Dienstag zurück, nicht vorher.
5. Wir haben Ihren Brief .... erhalten.
6. .... beginnt die Vorstellung?
7. Sie kommt sehr .... zu uns.
8. .... muss er immer früh aufstehen.
9. .... wohnt Peter.
10. .... ist aber Schluss!

3. Sortieren Sie die Adverbien nach ihrer Bedeutung. ★★

dort ✔ gern dann ✔ draußen unten gestern völlig ✔ darum ✔ folglich bis jetzt notfalls vielleicht ziemlich hinauf sogar fast bestimmt deshalb spät kaum dorther immer trotzdem damals

lokal (wo?, woher?, wohin?)	temporal (wann?, wie lange?, wie oft?)	modal (wie?, in welchem Maße?)	kausal (warum?, weshalb?)
dort	dann	völlig	darum

4. Steigern Sie die Adverbien, wenn möglich. ★★

1. wenig weniger, am wenigsten
2. immer nicht möglich
3. oft
4. bisher
5. dreimal
6. vorwärts
7. überallhin
8. bald
9. weg
10. viel

16 Die Komparation der Adjektive und Adverbien

1. Bilden Sie den Komparativ und Superlativ der Adjektive. ★★

1. schnell	schneller	am schnellsten
2. billig		
3. klein		
4. schlecht		
5. langsam		
6. bitter		
7. neu		
8. intelligent		
9. glücklich		
10. tief		
11. alt	älter	am ältesten
12. lang		
13. stark		
14. warm		
15. jung		
16. groß		
17. dumm		
18. kurz		
19. klug		
20. nahe	näher	am nächsten
21. hoch		
22. gut		

2. Tragen Sie die zusammengehörigen Adjektivformen in die Tabelle ein. ★

hoch ✔ edel am besten nahe gut höher ✔ besser alt
am höchsten ✔ weit näher teuer am nächsten größer
am edelsten weiter edler am weitesten am teuersten groß
am größten teurer am ältesten älter

Positiv	Komparativ	Superlativ
hoch	*höher*	*am höchsten*

3. Ergänzen Sie den Komparativ und den Superlativ. ★★

1. das neue Auto *das neuere Auto* *das neueste Auto*
2. der schnelle Zug
3. die schöne Frau
4. der intelligente Schüler
5. das preiswerte Sofa
6. der kurze Rock
7. das lange Kleid
8. die gute Ärztin
9. das billige Hotel
10. die einfache Übung
11. der interessante Film

4. Bilden Sie den Komparativ und den Superlativ, wenn möglich. ★★

1. das große Zimmer — das größere Zimmer — das größte Zimmer
2. der französische Minister — nicht möglich — ....
3. die lange Nacht ....
4. das starke Medikament ....
5. der heiße Sommer ....
6. die spanische Tomate ....
7. das lange Gespräch ....
8. die japanischen Studenten ....
9. die katholische Kirche ....
10. das teure Buch ....

5. *Als* oder *wie*? ★★

1. Ali ist so schnell wie Sven.
2. Antonia ist genauso nett .... ihre Mutter.
3. Putenfleisch ist magerer .... Schweinefleisch.
4. Leipzig ist größer .... Magdeburg.
5. Der Rhein ist länger .... die Saale.
6. Der Film war nicht so gut .... das Buch.
7. Marc hat weniger Zeit .... Emir.
8. Schlagsahne ist fetter .... Milch.
9. Malik fährt so schnell, ... er kann.
10. Der blaue Pullover ist ebenso teuer .... der weiße.
11. Sarina ist jünger .... Sabine, aber genauso alt .... Katharina.
12. Das Schlafzimmer ist kleiner .... das Arbeitszimmer.

6. Wählen Sie jeweils die korrekte Form. ★★

1. Jan lernt *besser* als du.	gut - besser ✔ - am besten
2. Yvonne ist so .... wie Monika.	nett - netter - die netteste
3. Das Kinderzimmer ist .... Raum in der Wohnung.	der kleinste - kleiner - am kleinsten
4. Der Sessel ist .... als der Stuhl.	der bequemste - bequemer - am bequemsten
5. Der Saft ist so .... wie die Milch.	kalt - kälter - am kältesten
6. Sie hat .... Kleid gekauft.	das teuerste - teurer - am teuersten
7. Welcher Schüler rechnet ....?	schneller - der schnellste - am schnellsten

7. Setzen Sie die richtigen Formen der Adjektive und Adverbien in den Text ein. Achtung, nicht alle werden gesteigert! ★★★

Die *größte* (groß) Stadt in Sachsen-Anhalt heißt Halle. Diese .... (alt) ① Stadt liegt an der Saale. Mit fast 232 000 Einwohnern ist sie .... (groß) ② als die Hauptstadt des Bundeslandes, Magdeburg. Hier wurde der .... (berühmt) ③ Komponist Georg Friedrich Händel geboren. Die .... (groß) ④ Universität in Sachsen-Anhalt ist die „Martin-Luther-Universität Halle-Wittenberg". Sie ist auch die .... (alt) ⑤ Universität in Sachsen-Anhalt. Zwar ist sie .... (klein) ⑥ als die Universitäten in Leipzig oder Berlin, aber doch noch .... (groß) ⑦ als viele andere Universitäten und Hochschulen in den .... (neu) ⑧ Bundesländern. In Halle gibt es auch .... (viel) ⑨ Museen, die von .... (zahlreich) ⑩ Touristen besucht werden.

8. An welche Stelle im Text gehören die folgenden Adjektive und Adverbien? ★★

groß jüngeren größeres kleiner viele größere modernsten schönen sonniges neue ✔ modernen obersten größer am kleinsten am größten ältester später am liebsten größer

Wir haben jetzt eine *neue* Wohnung im .... ① Stadtviertel. Sie befindet sich im .... ② Stockwerk eines Hochhauses. Unsere Küche ist .... ③, aber die Zimmer sind noch .... ④. .... ⑤ ist das Wohnzimmer. Unser .... ⑥ Sohn hat ein .... ⑦ Westzimmer. Die beiden .... ⑧ Söhne haben ein .... ⑨ Zimmer gleich neben dem Bad. Und links von unserer .... ⑩ Küche befindet sich unser Schlafzimmer. Es ist .... ⑪ als das Wohnzimmer, aber .... ⑫ als das .... ⑬ Kinderzimmer. .... ⑭ ist das Arbeitszimmer. Wir haben auch noch einen .... ⑮ Balkon mit mehreren Blumenkästen. .... ⑯ werden wir dort .... ⑰ bunte Blumen haben. Schon jetzt halten wir uns .... ⑱ auf dem Balkon auf.

17 Die Präpositionen

1. Beantworten Sie die Fragen wie im Beispiel. ★★

1. Von wem hast du das gehört? *(mein Bruder)*
   Ich habe das von meinem Bruder gehört.
2. Mit wem fahren Sie zur Messe? *(meine Chefin)*
   ....
3. Seit wann wohnt Viktor in Berlin? *(ein Jahr)*
   ....
4. Zu wem geht Antje? *(ihr Freund)*
   ....
5. Bei wem wohnt Sandra? *(ihre Großeltern)*
   ....
6. Womit fahrt ihr? *(der Bus)*
   ....

2. Welche Präposition passt? *Mit, nach, bei, seit, zu, von* oder *aus*? ★★

1. Wir fahren *mit* dem Zug.
2. Die Kinder gehen .... dem Unterricht .... Hause.
3. Unsere Nachbarin geht .... ihrem Hund in den Park.
4. Wohnt er noch .... seinen Eltern?
5. Ich lerne .... einem Monat Deutsch.
6. Heute muss ich noch .... meinem Zahnarzt gehen.
7. Felipe kommt .... Alicante.
8. Ich habe lange keine Neuigkeiten .... euch gehört.
9. Reisen Sie gerne .... dem Auto?
10. Heute bleiben wir .... Hause.
11. Elke wollte .... dir reden.
12. Wann kommst du .... dem Urlaub zurück?

3. Ergänzen Sie die Sätze. Verwenden Sie die richtige Präposition und die Wörter in Klammern im Dativ. ★★★

seit ✔ (2 x) bei (2 x) nach vor (2 x) mit (5 x) aus von

1. *(eine Woche)* sind wir in Frankreich.
   Seit einer Woche sind wir in Frankreich.
2. Sergej ist noch nie *(ein Flugzeug)* geflogen.
3. Roger telefoniert *(seine Mutter)*.
4. Zuerst gehen wir ins Kino. *(der Film)* machen wir einen Stadtbummel.
5. Heute ist eine Party *(mein Cousin)*.
6. Elisa hat *(ihre Eltern)* ein Fahrrad bekommen.
7. Unsere Söhne verbringen den Sommer *(ihre Oma)*.
8. Die Konferenz begann *(eine Stunde)*.
9. Sue kommt *(die USA)*.
10. Ich rühre die Soße *(der Kochlöffel)*.
11. Katharina hat Angst *(die Impfung)*.
12. Elisabeth ist einverstanden *(der Vorschlag)*.
13. Sibylle ist befreundet *(meine Tochter)*.
14. Eva und Roman kennen sich *(ein Jahr)*.

4. Antworten Sie kurz wie im Beispiel. Verwenden Sie den Akkusativ. ★★

1. Für wen sind diese Blumen? *(die Mutter)*
   Für die Mutter.
2. Für wen kauft ihr das Radio? *(unser Sohn)*
   ....
3. Wogegen fährt das Auto? *(ein Baum)*
   ....
4. Ohne wen ist Maja gekommen? *(ihre Eltern)*
   ....
5. Wodurch hast du das erfahren? *(ein Zufall)*
   ....
6. Wogegen ist Simone gelaufen? *(eine Glastür)*
   ....
7. Ohne was fährt Konrad nach Berlin? *(seine Kamera)*
   ....
8. Wofür ist der Fisch? *(das Abendbrot)*
   ....
9. Wo ist hier der nächste Briefkasten? *(die Ecke / um)*
   ....

5. Welche Präposition fehlt? ★★

1. Dieser Anruf ist für den Chef.
2. Ich kaufe dieses Buch .... mich.
3. Wie willst du denn .... Geld einkaufen?
4. Thomas wirft den Ball .... die Wand.
5. Sie sagte es .... die Blume. (= nicht direkt)
6. Die Haltestelle ist gleich .... die Ecke.
7. Ich ging .... meine Brille .... die Stadt und bin .... einen Baum gelaufen.
8. Die Gäste sitzen .... den Tisch.

9. .... wen sind diese Bonbons?

10. .... mein Wörterbuch kann ich diesen Text nicht übersetzen.

11. Der Vater hängt das Bild .... die Wand.

12. .... Fleiß kein Preis.

13. Wir treffen uns .... 9.00 Uhr.

14. Wir haben .... einen Zufall davon erfahren.

6. Erweitern Sie die Sätze. Verwenden Sie die Wörter in Klammern im Akkusativ sowie die richtige Präposition: *ohne, gegen, für, um.* ★★

1. Ich habe hier zwei Bücher *(du)*.
   Ich habe hier zwei Bücher für dich.
2. Leo trinkt gern Tee *(Zucker)*.
   ....
3. Herr Alt ist mit seinem Auto *(die Mauer)* gefahren.
   ....
4. Julia geht *(ihre Freundin)* ins Kino.
   ....
5. *(der Tisch)* stehen zwölf Stühle.
   ....
6. Diese Pralinen sind *(Sie)*.
   ....
7. Kein Rauch *(Feuer)*.
   ....
8. Was hast du *(dieser Ausflug)* einzuwenden?
   ....
9. Der Arzt hat mir Medikamente *(Migräne)* verschrieben.
   ....
10. Wir sollen dieses Projekt *(der nächste Donnerstag)* vorbereiten.
   ....

7. Erweitern Sie die Sätze. Verwenden Sie die Präpositionen mit dem Dativ. ★★

1. Viktor wohnt *(in, ein Hochhaus)*.
   Viktor wohnt in einem Hochhaus.
2. Daria sitzt *(auf, das Sofa)*.
3. Der Hund liegt *(unter, der Tisch)*.
4. Die Kinder sitzen *(unter, der Baum)*.
5. Der Spiegel hängt *(an, die Wand)*.
6. Die Lampe steht *(auf, der Schreibtisch)*.
7. Die Post ist *(neben, die Schule)*.

8. Ergänzen Sie die Sätze. Verwenden Sie die Präpositionen mit dem Akkusativ. ★★

1. Isa fliegt *(in, die USA)*.
   Isa fliegt in die USA.
2. Josi legt die Zeitung *(auf, der Tisch)*.
3. Die Kinder laufen *(unter, der Baum)*.
4. Er hängt die Plakate *(an, die Wand)*.
5. Ich stelle den Papierkorb *(neben, der Schreibtisch)*.
6. Wir fahren *(hinter, das Haus)*.

7. Marisol geht *(in, die Bibliothek)*.

8. Er stellte seinen LKW *(vor, mein Auto)*.

9. Das Flugzeug fliegt *(über, die Berge)*.

10. Stellt das Regal *(zwischen, der Sessel, die Tür)*.

9. Schaffen Sie Ordnung! Verwenden Sie dabei die passenden Personalpronomen. ★★

1. Die Seife liegt im Kühlschrank. *(legen, auf, das Waschbecken)*
   Ich lege sie auf das Waschbecken.
2. Der Aschenbecher steht unter dem Bett. *(stellen, auf, der Tisch)*
3. Das Kopfkissen liegt in der Badewanne. *(legen, auf, das Bett)*
4. Der Kühlschrank ist im Flur. *(stellen, in, die Küche)*
5. Die Stehlampe liegt im Bad. *(stellen, zwischen, der Sessel, die Kommode)*
6. Der Kaktus ist unter dem Stuhl. *(stellen, neben, die Blumen)*
7. Die Lampe liegt im Wäschekorb. *(hängen, über, der Tisch)*
8. Der Schreibtisch steht hinter dem Regal. *(schieben, an, das Fenster)*
9. Der Spiegel liegt auf dem Sofa. *(hängen, über, das Waschbecken)*
10. Die Handtücher hängen auf dem Balkon. *(legen, in, der Schrank)*

10. Bilden Sie Sätze wie im Beispiel. ★★

1. Wir stellen das Regal in die Ecke. (stehen)
   Das Regal steht jetzt in der Ecke.
2. Du stellst die Blumen auf den Tisch. (stehen)
   ....
3. Du legst die Schere in die Schublade. (liegen)
   ....
4. Wir stellen den Computer auf den Schreibtisch. (stehen)
   ....
5. Sophie hängt die Handtücher neben die Badewanne. (hängen)
   ....
6. Alina stellt den Eimer unter das Waschbecken. (stehen)
   ....
7. Die Mutter legt die Wäsche in die Waschmaschine. (liegen)
   ....
8. Alex schiebt die Pizza in die Mikrowelle. (sein)
   ....

11. *Trotz, innerhalb, wegen, infolge, während, unweit, außerhalb* – welche Präposition passt in welchen Satz? ★★

1. *Während* einer schriftlichen Prüfung darf man nicht sprechen.
2. Manuel bleibt .... eines Beinbruchs im Krankenhaus.
3. .... eines Unfalls musste ich mein Auto reparieren lassen.
4. .... starken Regens geht Katrin in den Garten.
5. Die Schule ist .... unseres Hauses.
6. Viele Einkaufszentren befinden sich .... der Städte.
7. .... der Reise hat er viele Fotos gemacht.
8. .... Zahnschmerzen kann Evi nicht schlafen.
9. Jakob ist .... hohen Fiebers in die Schule gegangen.
10. Wir schaffen diese Arbeit .... eines Monats.

12. Bilden Sie Sätze mit den passenden Formen der Verben, Artikel und Substantive. ★★★

1. seit - ein Jahr - hier - leben - Frank
   Frank lebt hier seit einem Jahr.
2. Eva - die Sommerferien - während - fahren - in - die USA
3. das Bild - hängen - an - die Wand
4. Javier - an - das Wochenende - spielen - Fußball - mit - die Freunde
5. die Eisdiele - unweit - unsere Schule - sich befinden
6. die Wände - Marius - hängen - die Poster - an
7. eine Katze - sitzen - auf - das Dach
8. wir - fahren - unser Hund - ohne - die Berge - in
9. die Kinder - sitzen - um - der Tisch - und - das Essen - warten - auf
10. Helene - seit - eine Woche - lernen - Russisch
11. mit - Heike - fahren - der Zug - nach - Lübeck - um - Mitternacht
12. die Oma - können - nicht - lesen - ihre Brille - ohne
13. der Krieg - wurden zerstört - während - alle Häuser
14. die Niederlande - fahren - Veronika - in
15. eine - Trilogie - der Roman - zu - gehören

13. Wählen Sie die passende Präposition. ★★

1.	Ich freue mich *über* das schöne Geschenk.	zu - mit - über ✔
2.	Wir fahren .... dem Auto.	auf - mit - bei
3.	Er läuft .... Hause.	zu - nach - in
4.	Wir sprechen .... den Film.	über - um - von
5.	Sie arbeitet .... diesem Projekt.	mit - für - an
6.	Du denkst oft .... Paola.	an - um - vor
7.	Hanka wartet .... den Brief.	an - um - auf
8.	Tobias erkrankte .... der Grippe.	in - auf - an
9.	Du sollst .... dem Weg fragen.	um - nach - vor
10.	Ich danke dir .... die Hilfe.	hinter - nach - für
11.	Elli telefoniert .... Dirk.	nach - mit - über
12.	Die Schrankwand besteht .... sieben Teilen.	aus - in - auf
13.	Wir protestieren .... diese Maßnahmen!	gegen - für - in
14.	Dieses Tuch passt gut .... deinem Pulli.	mit - zu - bei
15.	Ich schreibe eine Karte .... Aliya.	zu - bis - an
16.	Ich verabschiede mich .... Anja.	mit - bei - von
17.	Ich entschuldige mich .... den Fehler.	über - für - hinter
18.	Er kochte .... Wut.	vor - aus - mit
19.	Silvia glaubt .... das große Glück.	in - an - über
20.	Ich ärgere mich .... mein Missgeschick.	zu - über - auf
21.	Dariga ist .... Jens verheiratet.	hinter - bei - mit
22.	Hast du Angst .... der Prüfung?	von - vor - aus
23.	Ich unterhalte mich .... Yvonne.	mit - bei - zu
24.	Karel arbeitet .... der Universität München.	an - in - ohne
25.	Ärgere dich nicht .... Martin!	um - über - an
26.	Sie müssen .... zum Marktplatz gehen.	nach - von - bis
27.	Habt ihr etwas .... Kerstin gehört?	nach - von - für

14. Setzen Sie die fehlenden Präpositionen ein. ★★

Am Wochenende fuhren wir .... ① unseren Rädern .... ② den Wald. .... ③ einem kleinen See machten wir Picknick. Wir freuten uns .... ④ das schöne Wetter und unterhielten uns .... ⑤ verschiedene Themen. Jan diskutierte laut .... ⑥ Petra .... ⑦ den Umweltschutz. Er wollte eine Protestaktion .... ⑧ den Bau einer Autobahn organisieren. Aber Petra fährt oft .... ⑨ dem Auto .... ⑩ ihrem Freund, der .... ⑪ Hamburg studiert. Sie wartet ungeduldig .... ⑫ die Autobahn, die .... ⑬ nächsten Jahr fertig sein soll. Und Jan träumt .... ⑭ einem Land .... ⑮ Autos. Wahrscheinlich muss er .... ⑯ eine einsame Insel ziehen. Aber .... ⑰ wem würde er dann diskutieren?

15. Fragen Sie wie im Beispiel. ★★

1. Ines wartet auf Eva.
   Auf wen wartet Ines?
2. Elias wartet auf den Bus.
   Worauf wartet Elias?
3. Mert arbeitet mit Steffen.
   ....
4. Sie reisen mit dem Auto.
   ....
5. Dieses Paket ist für uns.
   ....
6. Mein Hemd ist aus Seide.
   ....

7. Der Wein ist für die Party.

8. Alina dachte an Gabriel.

9. Die Schüler haben Angst vor der strengen Lehrerin.

16. Bilden Sie Sätze mit dem passenden Pronominaladverb wie im Beispiel. Verwenden Sie dabei die passenden Personalpronomen. ★★

1. Claudia ärgert sich über den Unfall.
   Sie ärgert sich darüber.
2. Wir haben uns für das schwarze Sofa entschieden.
3. Mein Bruder freut sich über den Gewinn.
4. Die kleine Mona glaubt an Zaubereien.
5. Er wartet immer noch auf deine Antwort.
6. Die Arbeiter protestieren gegen Entlassungen.
7. Alicia nimmt an der Konferenz teil.
8. Hast du schon von dem Unfall gehört?
9. Die Firma leidet unter Personalmangel.
10. Ich frage nach neuen Katalogen.

17. Bilden Sie Sätze. Verwenden Sie die richtige Präposition und die passenden Formen der Verben, Artikel und Substantive. ★★★

1. die Kinder - warten - der Weihnachtsmann
   Die Kinder warten auf den Weihnachtsmann.
2. Mohammed - denken - seine Mutter
   ....
3. ich - sich unterhalten - meine Nachbarin
   ....
4. ich - nachdenken - der Vorschlag
   ....
5. Marco - sich verabschieden - seine Freunde
   ....
6. der Wissenschaftler - sterben - die Folgen der radioaktiven Strahlung (Perfekt)
   ....
7. Konrad - sich verlieben - meine Cousine (Perfekt)
   ....
8. die Firma - profitieren - günstige Investitionskredite
   ....

18. Stellen Sie die richtige Frage. ★★

1. — *Womit* beschäftigt sich der Forscher? — Mit der Genetik.
2. — .... geht Tobias spazieren? — Mit Regina.
3. — .... ist der Patient gestorben? — An einem Herzinfarkt.
4. — .... wartet ihr? — Auf Monika.
5. — .... bist du nicht einverstanden? — Mit deinem Vorschlag.
6. — .... hat sie Angst? — Vor der Dunkelheit.
7. — .... entschuldigt sich Daniel? — Für die Verspätung.
8. — .... bittet die Polizei? — Um Hinweise.
9. — .... hast du gesprochen? — Mit meinem Freund.

18 Die Zahlwörter: Datum, Uhrzeit, Maße

1. Schreiben Sie die Grundzahlen in Worten. ★

3	*drei*	25		68	
8		33		77	
11		42		86	
16		59		94	
17		61		100	

2. Schreiben Sie die Ordnungszahlen in Worten. ★★

1. der 1. Oktober *der erste Oktober*
2. die 3. Stunde
3. der 12. Mann
4. die 13. Etage
5. das 22. Haus
6. der 40. Schüler

3. Schreiben Sie das Datum in Worten. ★★

1. der 22. Januar *der zweiundzwanzigste Januar*
2. der 15. März
3. der 2. August
4. am 12. Februar
5. am 26. Mai
6. am 8. Oktober
7. am 19. November
8. am 31. Dezember
9. am 22. Oktober

4. Ordnen Sie die Zahlwörter richtig zu. ★

zweitens ✔ der neunte ✔ dreierlei ✔ drittens die erste
ein Viertel ✔ ein Achtel achtzig ✔ neunundfünfzig ein Zehntel
zweierlei hundert zweimal ✔ sechs fünfmal erstens zehnfach ✔
ein Zwölftel zwanzig die achtzehnte das vierte fünftens die elfte
zweifach fünfzig hundertfach vierhundert eins der zwölfte
neunfach viererlei dreißig vier

1. Grundzahlen:
   achtzig, ...
2. Ordnungszahlen:
   der neunte, ...
3. Wiederholungszahlen:
   zweimal, ...
4. Gattungszahlen:
   dreierlei, ...
5. Vervielfältigungszahlen:
   zehnfach, ...
6. Einteilungszahlen:
   zweitens, ...
7. Bruchzahlen:
   ein Viertel, ...

5. Schreiben Sie die Uhrzeiten in Ziffern. ★

1. Viertel nach sieben ....
2. neunzehn Uhr siebzehn ....
3. Viertel vor acht ....
4. zehn vor halb acht ....
5. dreizehn Uhr sechs ....
6. fünf Uhr nachmittags ....
7. halb elf ....
8. zehn vor zehn ....

6. Wie spät ist es? Kreuzen Sie die richtige(n) Uhrzeit(en) an. Vorsicht: Es können auch alle drei Angaben richtig sein! ★

1. 4.23 Uhr
   a) vier Uhr dreiundzwanzig ✗
   b) sieben Minuten vor halb fünf ✗
   c) dreiundzwanzig vor fünf
2. 11.15 Uhr
   a) Viertel nach elf
   b) elf Uhr fünfzehn
   c) fünfzehn nach elf
3. 8.55 Uhr
   a) fünf nach neun
   b) fünf vor neun
   c) fünf Uhr acht
4. 24.00 Uhr
   a) zwei Uhr vier
   b) Mitternacht
   c) vierundzwanzig Uhr
5. 6.30 Uhr
   a) halb sechs
   b) halb sieben
   c) sechs Uhr dreizehn
6. 10.40 Uhr
   a) zwanzig vor elf
   b) zehn nach halb elf
   c) zehn Uhr vierzig

7. Wie spät ist es? Schreiben Sie die umgangssprachliche Zeitangabe. ★★

1. 14.30 Uhr *halb drei nachmittags*
2. 11.40 Uhr ……
3. 5.55 Uhr ……
4. 8.10 Uhr ……
5. 9.15 Uhr ……
6. 19.20 Uhr ……
7. 23.35 Uhr ……
8. 3.30 Uhr ……
9. 13.10 Uhr ……

8. Rechnen Sie um. Schreiben Sie die Zahlen in Worten. ★★

1. 100 Zentimeter = *ein* .... Meter
2. 20 Meter = ... Zentimeter
3. 3.500 Meter = ... Kilometer
4. 24 Zentimeter = ... Millimeter
5. 3 Kilogramm = ... Gramm
6. 5.200 Gramm = ... Kilogramm
7. 500 Gramm = ... Pfund
8. 1,5 Pfund = ... Gramm
9. 330 Milliliter = ... Liter
10. 2,2 Liter = ... Milliliter
11. 100 Liter = ... Hektoliter
12. 0,4 Hektoliter = ... Liter
13. 100 Quadratmeter = ... Quadratzentimeter
14. 38 Ar = ... Quadratmeter
15. 2 Hektar = ... Quadratmeter
16. 1.400 Quadratmeter = ... Hektar
17. 3 Liter = ... Kubikzentimeter
18. 0,5 Liter = ... Kubikzentimeter
19. 900 Kubikzentimeter = ... Liter
20. 1 Kubikzentimeter = ... Milliliter

19 Der einfache Aussagesatz

1. Bilden Sie mit den vorgegebenen Wörtern Sätze. Wählen Sie die richtigen Verbformen. ★★

1. wir – wohnen – in Hannover
   Wir wohnen in Hannover.
2. Rudi – studieren – Medizin
3. Manfred – sich interessieren – für Musik
4. Magnus – sein – 20 Jahre alt
5. du – lernen – Arabisch
6. Felix – trinken – Eistee
7. Ali – kommen – aus Kairo
8. Ayman – sein – der beste Student

2. Erweitern Sie die Sätze wie im Beispiel. ★★

1. Viktor wohnt in Potsdam. *(seit drei Jahren)*
   Viktor wohnt seit drei Jahren in Potsdam.
2. Wir gehen ins Theater. *(heute Abend)*
3. Simone ist höflich. *(selten)*
4. Frau Riemers fährt nach Brüssel. *(ohne ihren Mann)*

5. Claudia kommt zu spät. *(niemals)*

6. Ich brauche einen Hammer. *(noch)*

7. Zita kommt zu Besuch. *(um 17 Uhr)*

8. Beatrix geht ins Kino. *(allein)*

9. Ich freue mich auf diese Reise. *(sehr)*

10. Lutz ist nach Hause gegangen. *(vor zehn Minuten)*

3. Formulieren Sie die Sätze um. Beginnen Sie mit dem unterstrichenen Satzteil. ★★

1. Alexander geht heute Nachmittag zum Zahnarzt.
   Heute Nachmittag geht Alexander zum Zahnarzt.
2. Ich habe gestern einen Brief von Astrid bekommen.

3. Meine Eltern fahren jeden Sommer an die Nordsee.

4. Herbert ist seit 28 Jahren mit Elisabeth verheiratet.

5. Ich habe dieses Buch von Marion bekommen.

6. Die Vorstellung beginnt um 20 Uhr.

7. Jenny kommt zuerst zu mir.

8. Ich habe den Text überhaupt nicht verstanden.

20 Der Fragesatz

1. Welche Antwort gehört zu welcher Frage? ★

1. Woher kommt Laura?	a) Nein, Französisch.
2. Wie heißen Sie?	b) Ja, eine Tochter.
3. Wo wohnst du?	c) Aus Italien.
4. Sprichst du Englisch?	d) Martin Neubert.
5. Wie alt ist sie?	e) Ja, in Innsbruck.
6. Haben Sie Kinder?	f) Sie ist 29.
7. Ist Martina verheiratet?	g) Nein, sie ist ledig.
8. Lebt Franz in Österreich?	h) In Aachen.
9. Wo liegt Omsk?	i) Erst übermorgen.
10. Wann kommt der Vater?	j) In Russland.

2. Welches Fragewort fehlt? ★★

1. — *Woher* kommt Francesco?	— Aus Neapel.
2. — .... ist das?	— Mein Bruder.
3. — .... wohnt ihr?	— In Dortmund.
4. — .... gehört diese Tasche?	— Mir.
5. — .... schreibt Eva?	— Einen Aufsatz.
6. — .... war der Film?	— Interessant.
7. — .... fährst du?	— Nach Avignon.
8. — .... kommt deine Schwester?	— Um 19 Uhr.
9. — .... geht es Ihnen?	— Danke, gut.
10. — .... besucht Linda?	— Ihren Cousin.
11. — .... Jacke möchten Sie?	— Die braune dort.
12. — .... ist er so spät gekommen?	— Es gab viel Verkehr.
13. — .... lernst du Deutsch?	— Seit 2 Jahren.
14. — .... feierst du deinen Geburtstag?	— Bei mir zu Hause.
15. — .... Laptop ist das?	— Danielas.

3. Stellen Sie Fragen zu den vorgegebenen Antworten. ★★

1. — *Wann fahren Sie nach Frankfurt?*
   — Ich fahre übermorgen nach Frankfurt.
2. — ......
   — Barbara hat das Foto gemacht.
3. — ......
   — Elena wohnt in Heidelberg.
4. — ......
   — Alexandra möchte ins Kino gehen.
5. — ......
   — Der Mann heißt Philipp Cramer.
6. — ......
   — Wir besuchen Tante Gudrun.
7. — ......
   — Igor kommt aus Kiew.
8. — ......
   — José fährt im Winter in die Schweiz.

4. Bilden Sie Satzfragen. ★★

1. Helene ist müde.
   Ist Helene müde?
2. Daniel kommt heute später.
   ......
3. Justus wollte noch in die Bibliothek gehen.
   ......
4. Wir haben keinen Zucker mehr.
   ......
5. Die Firma sucht eine Sekretärin.
   ......
6. Silvia konnte nicht kommen.
   ......

5. Welche Frage passt? Kreuzen Sie an. ★

1. Meinen Freund Frank.
   a) Wer wohnt hier?
   b) Wen besuchst du? ✗
2. Er ist Bäcker.
   a) Was ist er von Beruf?
   b) Was isst Martin Fuchs?
3. Nach Hause.
   a) Wo ist Dagmar?
   b) Wohin geht Dagmar?
4. Aus Hannover.
   a) Wohin fährt der Zug?
   b) Woher kommt der Zug?
5. Laborantin.
   a) Was ist sie?
   b) Wer ist sie?
6. 34 Jahre.
   a) Wie ist er?
   b) Wie alt sind Sie?
7. Morgen Nachmittag.
   a) Wann kommt Jan?
   b) Wer kommt?
8. Danke, gut.
   a) Bist du glücklich?
   b) Wie geht es dir?

6. Welche Antwort passt? Kreuzen Sie an. ★

1. Wohin geht Maria?
   a) In die Bibliothek.
   b) Aus der Bibliothek.
2. Was isst Peter?
   a) Sportler.
   b) Eine Banane.
3. Wie alt ist dein Opa?
   a) 77.
   b) Gut.
4. Wann kommt Tanja?
   a) Nach der Prüfung.
   b) Schnell.
5. Was liest Riccarda?
   a) Ein Buch.
   b) Den Kuchen.
6. Wie ist deine Lehrerin?
   a) Sie isst nichts.
   b) Sie ist ganz nett.

21 Die Verneinung

1. Antworten Sie, indem Sie verneinen. ★

1. Bist du krank?
   Nein, ich bin nicht krank.
2. Wohnt ihr in Ulm?
   ...
3. Ist das dein Auto?
   ...
4. Willst du mitkommen?
   ...
5. Arbeitet Gabi in der Redaktion?
   ...
6. Bist du verheiratet?
   ...

2. Verneinen Sie die Sätze. ★

1. Isabel lernt. *Isabel lernt nicht.*
2. Der Hund bellt. ...
3. Wir freuen uns. ...
4. Hanna wartet. ...
5. Der Zug kommt. ...
6. Ich kaufe das Buch. ...
7. Das Kind schläft. ...
8. Die Schuhe passen. ...
9. Es regnet. ...
10. Wir arbeiten. ...
11. Der Wecker klingelt. ...
12. Wir fahren in den Urlaub. ...

3. Antworten Sie wie im Beispiel. ★

1. Hast du Zeit?
   Nein, ich habe keine Zeit.
2. Braucht Felix eine Brille?
   ......
3. Kaufen wir einen Fernseher?
   ......
4. Hat Dagmar ein Auto?
   ......
5. Hat Frau Hartung Kinder?
   ......
6. Hat Claudia Geld?
   ......
7. Haben Sie eine Fahrkarte?
   ......
8. Ist er Augenarzt?
   ......

4. *Nicht* oder *kein, keine, keinen*? ★★

1. Sandra ist ...... erkältet.
2. Wir haben ...... Sohn.
3. Tamara wohnt ...... in Kopenhagen.
4. Michaela trinkt ...... Alkohol.
5. Danuta arbeitet ....
6. Julia hat ...... Fieber.
7. Peter hat ...... Geld.
8. Norman hat ...... viel Zeit.
9. Ich bin ...... Hellseher.
10. Ich spreche noch ...... gut Deutsch.

5. *Nicht* oder *kein*? Antworten Sie, indem Sie verneinen. ★★

1. Ist das euer Auto?
   Nein, das ist nicht unser Auto.
2. Kommt Olivia aus Québec?
3. Hast du einen Hund?
4. Kauft Richard ein Buch?
5. Wohnen Sie hier?
6. Musst du heute arbeiten?
7. Brauchen sie Hilfe?
8. Darf man hier parken?
9. Haben Sie einen Fahrschein?
10. Möchte das Kind Tee?
11. Schläft das Baby noch?
12. Ist Simone freundlich?
13. Hast du Obst gekauft?
14. Möchten Sie nach Tokio fliegen?
15. Hat dein Mann einen Bruder?

22 Die Infinitivkonstruktionen

1. Bilden Sie Sätze wie im Beispiel. ★★

1. Ich höre, dass Evelyn singt.
   Ich höre Evelyn singen.
2. Wir hören, dass der Bus kommt.
3. Thomas sieht, dass seine Mutter bügelt.
4. Juliane hört, dass die Waschmaschine schleudert.
5. Wir hören, dass jemand schreit.
6. Ich hörte, dass der Hund bellte.
7. Der Zeuge sah, dass der Wagen bei Rot über die Kreuzung fuhr.

2. Bilden Sie Sätze wie im Beispiel. Verwenden Sie den Infinitiv mit *zu*. ★★

1. Ich freue mich, dass ich Ihnen helfen kann.
   Ich freue mich, Ihnen helfen zu können.
2. Wir empfehlen Ihnen, dass Sie es noch einmal versuchen.
3. Dietmar streitet ab, dass er Monika kennt.
4. Der Mann gab zu, dass er am Tatort gewesen ist.
5. Simone denkt nicht daran, dass sie pünktlich sein soll.

3. Wie sagt man das anders? Verwenden Sie den Infinitiv mit *zu*. ★★

1. Um 8 Uhr beginnt er mit der Arbeit.
   Um 8 Uhr beginnt er zu arbeiten.
2. Wann hört ihr mit dem Streit auf?
   ....
3. Das Rauchen ist hier verboten.
   ....
4. Dort hinten ist das Parken erlaubt.
   ....
5. Kaffeetrinken in der Pause ist üblich.
   ....
6. Während der Prüfung ist das Benutzen von Wörterbüchern nicht erlaubt.
   ....

4. Antworten Sie wie im Beispiel. ★★

1. Muss ich den Text übersetzen?
   Nein, du brauchst den Text nicht zu übersetzen.
2. Müssen wir morgen um 7 Uhr kommen?
   ....
3. Muss Felix die Blumen gießen?
   ....
4. Muss Doreen ihre Hose waschen?
   ....
5. Muss ich am Sonntag arbeiten? (Höflichkeitsform)
   ....
6. Musst du heute Abend Eduard anrufen?
   ....
7. Muss Angela in die Apotheke gehen?
   ....
8. Muss ich jetzt aufräumen?
   ....

5. Infinitiv mit oder ohne *zu*? ★★★

1. streiten	Wir hören die Kinder streiten ....
2. machen	Ich versuche, es noch einmal ....
3. sich anpassen	Sie hat es noch nicht geschafft, ...
4. rauchen	Es ist verboten, in der Schule ....
5. tanzen	Wir haben die Kinder .... sehen.
6. aufstehen	Sie hasst es, schon um 4 Uhr ....
7. werden	Der Nachmittag scheint schön ....
8. segeln	Morgen gehen wir ....
9. sortieren	Es ist uns gelungen, die Papiere ....
10. aufschreiben	Ich rate dir, diese Formel ....
11. lernen	Statt .... , hört er Musik.
12. reparieren	Bernd lässt sein Auto ....
13. sehen	Ich freue mich, dich ....
14. schwimmen	Wir gehen ....
15. hören	Es macht mir Spaß, Musik ....
16. fahren	William hat die Absicht, nach Rom ....
17. spazieren	Julia und Bianca gehen ....
18. aufräumen	Ich habe vor ....
19. anrufen	Wir müssen Gabi ....
20. gehen	Möchtest du mit mir ins Kino .... ?
21. bellen	Ich habe den Hund .... hören.
22. sagen	Er ist gegangen, ohne etwas ....
23. einschalten	Der Vater hat uns erlaubt, den Fernseher ....
24. arbeiten	Ich denke nicht daran, sonntags ....
25. einkaufen	Wann fahren wir .... ?
26. abschleppen	Ich lasse mein Auto ....
27. schlafen	Karol darf am Sonntag länger ....

23 Die Konjunktionen und die Satzgefüge

1. Verbinden Sie die Satzpaare mit der Konjunktion wie im Beispiel. ★

1. Die Gäste kommen. Sie gratulieren dem Opa. (und)
   Die Gäste kommen und gratulieren dem Opa.
2. Paloma arbeitet im Büro. Sie lernt Russisch. (und)
   ....
3. Anke geht in den Club. Sie spielt am Computer. (oder)
   ....
4. Lars möchte heute schwimmen. Er hat Fieber. (aber)
   ....
5. Andrew lernt Deutsch. Er möchte in Köln studieren. (denn)
   ....

2. Verbinden Sie die Satzpaare mit der angegebenen Konjunktion. ★★

1. Eva und Tobias heiraten. Tobias hat eine Stelle. (sobald)
   Eva und Tobias heiraten, sobald Tobias eine Stelle hat.
2. Anja freut sich. Sie bekommt eine Eins. (wenn)
   ....
3. Wir bleiben zu Hause. Die Sonne scheint. (obwohl)
   ....
4. Ich beeile mich. Die Vorlesung beginnt gleich. (weil)
   ....
5. Ich helfe dir. Du wirst schneller fertig. (damit)
   ....
6. Marek hatte einen Unfall. Er war neun Jahre alt. (als)
   ....
7. Wir freuen uns. Bald fahren wir nach Paris. (dass)
   ....
8. Anke geht in den Club. Ihre Schwester bleibt zu Hause. (während)
   ....

3. Stellen Sie die Sätze um. Beginnen Sie mit dem Nebensatz. ★★

1. Maria möchte nichts essen, obwohl sie Hunger hat.
   Obwohl Maria Hunger hat, möchte sie nichts essen.
2. Paul hat Schulden, weil er viel Geld ausgibt.
   ……………………
3. Ich erkläre dir die Aufgabe, wenn du möchtest.
   ……………………
4. Christian geht nach Hause, sobald seine Arbeit beendet ist.
   ……………………
5. Gudrun ist gekommen, um dir zu helfen.
   ……………………
6. Patrick schlief schon, als seine Eltern kamen.
   ……………………
7. Irene schaltet den Fernseher aus, damit Marc lernen kann.
   ……………………
8. Wir fahren ins Hotel, nachdem wir das Schloss besichtigt haben.
   ……………………

4. *Denn* oder *weil*? ★★

1. Sören bleibt zu Hause, *weil* er Durchfall hat.
2. Du musst im Bett liegen, …………… du hast Fieber.
3. Antonio geht zum Optiker, …………… er braucht eine Brille.
4. Der Arzt gibt mir ein Rezept, …………… ich krank bin.
5. Chris nimmt eine Tablette, …………… er hat Kopfschmerzen.
6. Sabine liegt im Krankenhaus, …………… sie hat eine Virusinfektion.
7. Céline fährt nach Marseille, …………… sie Urlaub hat.
8. Emma ist glücklich, …………… sie hat die Wette gewonnen.
9. Noah lernt jetzt viel, …………… er bald Prüfungen hat.
10. Sie geht nicht ins Wasser, …………… sie nicht schwimmen kann.
11. Henri ist müde, …………… er viel gearbeitet hat.

5. *Als* oder *wenn*? ★★

1. Wenn .... du regelmäßig die Vokabeln lernst, kannst du sie gut behalten.
2. .... wir gestern den Test schrieben, hatte ich Kopfweh.
3. Rita war glücklich, ... der Lehrer sie gestern lobte.
4. Richard möchte Architektur studieren, ... er das Gymnasium absolviert hat.
5. .... Bohdan an seinem Computer sitzt, vergisst er alles.
6. Louis ärgerte sich, ... er den Fehler entdeckte.
7. Immer .... sie lügt, wird sie rot.
8. .... Ellen klein war, wollte sie Ärztin werden.
9. Ich freute mich, ... ich den ersten Brief von Vicky bekam.
10. .... du willst, kannst du jetzt telefonieren.

6. Antworten Sie mit der Konjunktion *um ... zu*. ★★★

1. Wozu braucht Emily das Kochbuch? *(ein Rezept finden)*
   Emily braucht das Kochbuch, um ein Rezept zu finden.
2. Warum kauft Philipp Blumen? *(sie seiner Frau schenken)*
   ....
3. Wozu braucht Leo den Hammer? *(einen Nagel einschlagen)*
   ....
4. Warum geht Matthias zum Arzt? *(sich impfen lassen)*
   ....
5. Warum gehst du jetzt schon? *(den Koffer für die Reise packen)*
   ....
6. Warum fahren sie an die Nordsee? *(sich von der Arbeit erholen)*
   ....
7. Warum macht Sandra Gymnastik? *(fit bleiben)*
   ....
8. Warum geht Oskar in die Volkshochschule? *(Französisch lernen)*
   ....

7. Antworten Sie mit der Konjunktion *damit*. ★★★

1. Wozu kaufst du ein? *(meine Mutter braucht es nicht zu machen)*
   Ich kaufe ein, damit meine Mutter es nicht zu machen braucht.
2. Wozu holst du Medikamente? *(meine Oma wird gesund)*
   ....
3. Warum gehst du zum Makler? *(er sucht ein Haus für mich)*
   ....
4. Warum hast du mir das gesagt? *(du bist informiert)*
   ....
5. Warum nimmt Holger eine Tablette? *(die Kopfschmerzen gehen weg)*
   ....

8. Setzen Sie die passende Konjunktion ein. ★★

dass ob oder aber weil denn damit als obwohl
weshalb ✔ indem wenn

1. Ich weiß nicht, weshalb er das gesagt hat.
2. Kasimir ist in seinem Zimmer .... er ist noch in der Schule.
3. Wir kommen zu Ihnen, ... Sie uns helfen.
4. Tanja hat gesagt, ... ihre Schwester keine Zeit hat.
5. Moni will Sängerin werden, ... sie gar nicht singen kann.
6. .... er kommt, solltest du mit ihm sprechen.
7. Ich weiß noch nicht, ... ich morgen Zeit habe.
8. Wanda bestellt eine große Portion Gulasch, ... sie hat Hunger.
9. Ich traf ihn, ... ich in Hamburg war.
10. Ursula würde gern mitkommen, ... sie muss noch arbeiten.
11. Ich bereite mich auf die Prüfung vor, ... ich regelmäßig den Stoff wiederhole.
12. Katalin will Robert nicht heiraten, ... sie Imre liebt.

Lösungen

1 Das Genus der Substantive

1.

die Frau, die Übung, die Zeitung, die Werbung, die Musik, die Politik, die Operation, die Situation, die Freundschaft, die Botschaft, die Freundin, die Krankheit, die Gesundheit, die Palme
der Mann, der Computer, der Fernseher, der Apparat, der Automat, der Projektor, der Motor, der Apfel, der Pinsel, der Frühling, der Patient, der Honig, der Teppich, der Mensch
das Mädchen, das Brötchen, das Bild, das Buch, das Probieren, das Arbeiten, das Auto, das Kino, das Radio, das Komma, das Dokument, das Medikament, das Drama, das Kind

2.

1 eine, die Wohnung; 2 eine, die Küche; 3 ein, das Zimmer; 4 ein, der Balkon; 5 ein, das Haus; 6 eine, die Terrasse; 7 ein, der Keller; 8 eine, die Etage; 9 eine, die Treppe

3.

Maskulina: Computer, Stuhl, Drucker, Speicher, Bildschirm, Tisch
Feminina: Maus, E-Mail, Lampe, Datei, CD-ROM, Festplatte
Neutra: Büro, Telefon, Laufwerk, Papier, Fenster, Bild

4.

1 die Tischlampe; 2 der Papierkorb; 3 die Wanduhr; 4 die Bettdecke; 5 der Wasserhahn; 6 die Topfblume; 7 der Gasherd; 8 die Teetasse; 9 die Zimmerpflanze; 10 die Haustür; 11 die Radiosendung; 12 der Bilderrahmen; 13 der Stadtplan

2 Der Artikel

1.

1 Der; 2 ein; 3 Die; 4 Das; 5 eine; 6 ein; 7 Der; 8 eine; 9 Der; 10 eine

2.

1 -; 2 -, -; 3 -, die, -; 4 Das; 5 -; 6 -; 7 die, -; 8 Der, -, -; 9 -, -, die; 10 -, der; 11 -, -, -

3.
1 die; 2 den; 3 das; 4 Der; 5 dem; 6 die; 7 der; 8 den; 9 Die; 10 des

4.
1 beim; 2 im; 3 ins; 4 ans; 5 zum; 6 zur; 7 beim

3 Die Pluralbildung der Substantive

1.
a)
1 die Scheren; 2 die Hosen; 3 die Nasen; 4 die Gurken; 5 die Taschen; 6 die Tomaten; 7 die Birnen; 8 die Tanten
b)
1 die Ohren; 2 die Zahlen; 3 die Übungen; 4 die Kreuzungen; 5 die Studenten; 6 die Menschen; 7 die Herren; 8 die Endungen
c)
1 die Tage; 2 die Arme; 3 die Bleistifte; 4 die Hunde; 5 die Beine; 6 die Briefe; 7 die Monate; 8 die Abende
d)
1 die Brüder; 2 die Mäntel; 3 die Mägen (*auch:* Magen); 4 die Mütter; 5 die Schwäger; 6 die Väter; 7 die Vögel; 8 die Äpfel
e)
1 die Länder; 2 die Blätter; 3 die Häuser; 4 die Gläser; 5 die Bücher; 6 die Dächer; 7 die Dörfer; 8 die Hühner
f)
1 die Pullover; 2 die Sänger; 3 die Zimmer; 4 die Brötchen; 5 die Teller; 6 die Fenster; 7 die Mädchen; 8 die Zeichen
g)
1 die Taxis; 2 die Radios; 3 die Chefs; 4 die Ballons; 5 die Radiergummis; 6 die Hotels; 7 die Kinos; 8 die Babys
h)
1 die Sätze; 2 die Stühle; 3 die Hände; 4 die Bärte; 5 die Bäume; 6 die Zähne; 7 die Wände; 8 die Köche

2.
a)
1 die Schülerinnen; 2 die Ärztinnen; 3 die Studentinnen; 4 die Chefinnen; 5 die Kolleginnen; 6 die Nachbarinnen; 7 die Freundinnen; 8 die Lehrerinnen
b)
1 die Globen; 2 die Kakteen; 3 die Museen; 4 die Gymnasien; 5 die Studien; 6 die Ministerien; 7 die Aquarien; 8 die Medien

3.
waagerecht: Schlüssel, Tische, Sessel, Bilder, Fenster, Wohnungen
senkrecht: Sofas, Türen, Stühle, Blumen, Betten, Regale

4.
1 Bücher; 2 Häuser; 3 Tafeln; 4 Karten; 5 Taschen; 6 Hände; 7 Rosen; 8 Stühle; 9 Uhren; 10 Blätter; 11 Körbe; 12 Männer; 13 Söhne; 14 Brote

5.
1 Frauen; 2 Damen; 3 Gabeln; 4 Seen; 5 Zehen; 6 Betten; 7 Küchen; 8 Städte; 9 Schränke; 10 Ohren; 11 Hemden; 12 Schiffe

6.
1 die Haare; 2 die Frauen; 3 die Tomaten; 4 die Übungen; 5 die Radios; 6 die Häuser; 7 die Söhne; 8 die Zähne; 9 die Brüder; 10 die Tage; 11 die Bücher; 12 die Uhren; 13 die Töchter; 14 die Männer; 15 die Hände; 16 die Herren

7.
1 die Frucht; 2 das Brötchen; 3 die Tasse; 4 die Kanne; 5 das Ei; 6 die Gabel; 7 der Apfel; 8 die Scheibe; 9 der Becher; 10 der Teller; 11 das Glas; 12 der Löffel; 13 das Messer; 14 die Birne; 15 die Serviette; 16 das Würstchen

8.
1 die Pferde; 2 die Bücher; 3 die Brötchen; 4 die Häuser; 5 die Hosen; 6 die Köche; 7 die Städte; 8 –; 9 –; 10 die Hunde; 11 –; 12 –

9.
1 Pullover; 2 Jacken; 3 Kleider; 4 Hosen; 5 Blusen; 6 Taschen; 7 Röcke; 8 Hüte; 9 Krawatten; 10 Mäntel

10.
1 die Globen; 2 die Kakteen; 3 die Gymnasien; 4 die Lexika; 5 die Busse; 6 die Kaufmänner/Kaufleute; 7 die Praxen; 8 die Museen; 9 die Zentren; 10 die Viren; 11 die Firmen; 12 die Themen

4 Die Deklination des Artikels und des Substantivs

1.
1 ein; 2 eine, einen; 3 einen; 4 einen; 5 eine, eine; 6 einen

2.
1 die; 2 die; 3 das; 4 die; 5 den; 6 die

3.
1 dem Opa; 2 dem Mann; 3 den Kindern; 4 seiner Frau; 5 den Schülern; 6 dem Auto

4.
1 Ich gebe das Geld der Kassiererin. 2 Yvonne spricht mit dem Chef. 3 Wir fahren mit dem Bus. 4 Ulrike kommt aus der Bibliothek. 5 Ich schenke die Bücher den Kindern. 6 Die Katze spielt mit einem Ball. 7 Ich gebe das Rezept dem Apotheker. 8 Klaus erzählt die Anekdote seinen Freunden. 9 Ludwig fährt mit dem Zug nach Köln.

5.
1 des Vaters; 2 der Mutter; 3 des Babys; 4 des Sohnes; 5 der Kinder; 6 der Eltern; 7 der Oma; 8 des Kindes; 9 der Tochter

6.
1 Wegen einer Erkältung. 2 Wegen des Regens. 3 Wegen des Fiebers. 4 Wegen der Kopfschmerzen. 5 Wegen der Grippe. 6 Wegen der Probleme.

7.
1 Wir schenken dem Vater ein Buch. 2 Wo ist die Telefonnummer meiner Schwester? 3 Er geht zu der (*oder:* zur) Chefin. 4 Wir fahren mit der Tochter, aber ohne den Sohn in die Schweiz. 5 Die Eltern kaufen einen Schreibtisch für die Tochter. 6 Hier ist ein Brief von der Tante. 7 Ich frage nach dem Preis des Kühlschranks. 8 Der Hund der Nachbarin bellt laut.

5 Die Personalpronomen

1.
1 Er; 2 Sie; 3 Es; 4 Sie; 5 Sie; 6 du, ich

2.
er: der Tisch, der Garten, der Aufzug, der Hund
sie (Sing.): die Wohnung, die Garage, die Familie, die Tür
es: das Haus, das Zimmer, das Dach
sie (Plur.): die Möbel, die Blumen, die Adressen

3.
1 Mir; 2 ihr; 3 ihm; 4 ihm; 5 uns; 6 ihnen; 7 Ihnen

4.
1 ihn; 2 uns; 3 sie; 4 ihn; 5 mich; 6 sie; 7 es; 8 Sie; 9 dich; 10 ihn; 11 sie; 12 euch

5.
du - dir - dich; sie - ihr - sie; ich - mir - mich; es - ihm - es; er - ihm - ihn; ihr - euch - euch; wir - uns - uns; sie - ihnen - sie; Sie - Ihnen - Sie

6.
1 Er, ihm; 2 Sie, ihr; 3 uns; 4 es; 5 ihnen; 6 es; 7 sie; 8 Er; 9 dir; 10 mir; 11 Sie

7.
ich - mir - mich; du - dir - dich; er - ihm - ihn; sie - ihr - sie; es - ihm - es; wir - uns - uns; ihr - euch - euch; sie - ihnen - sie; Sie - Ihnen - Sie

8.
1 Wir schenken ihr einen Pullover. Wir schenken ihn Dorothea. Wir schenken ihn ihr. 2 Wir geben ihr eine Gitarre. Wir geben sie Laura. Wir geben sie ihr.
3 Der Lehrer stellt ihm eine Frage. Der Lehrer stellt sie dem Schüler. Der Lehrer stellt sie ihm. 4 Herr Wagner bringt ihr einen Kaffee. Herr Wagner bringt ihn seiner Frau. Herr Wagner bringt ihn ihr. 5 Ich erkläre ihnen die Verspätung. Ich erkläre sie meinen Eltern. Ich erkläre sie ihnen. 6 Elif zeigt ihnen die Fotos aus dem Italienurlaub. Elif zeigt sie ihren Kollegen. Elif zeigt sie ihnen.

9.
1 – a. ihn ihm; 2 – b. es ihnen; 3 – a. sie ihr; 4 – b. die Aufgabe; 5 – a. das Buch; 6 – b. den Computer; 7 – d. das Gedicht; 8 – c. sie ihnen

6 Die Possessivpronomen

1.
1 Mein; 2 Meine; 3 Mein; 4 Meine; 5 Deine; 6 Dein; 7 Deine; 8 Sein; 9 Sein; 10 Seine; 11 Ihr; 12 Ihre; 13 Ihre; 14 Sein; 15 Seine; 16 Sein

2.
1 - b. Mein; 2 - a. Ihre; 3 - b. ihr; 4 - a. unsere; 5 - c. dein

3.
1 Unsere; 2 Unser; 3 Unser; 4 Unsere; 5 eure; 6 euer; 7 eure; 8 ihr; 9 ihr; 10 Ihre; 11 Ihr; 12 Ihre

4.
1 ihre; 2 unser; 3 sein; 4 Mein; 5 Unsere; 6 Euer; 7 Seine; 8 Ihr; 9 ihr, ihre, ihr

5.
1 meines; 2 meiner; 3 Deinen; 4 deine; 5 deinem; 6 Ihre; 7 Meines; 8 unsere; 9 eueren; 10 Seiner; 11 ihrer

6.
1 Unsere; 2 ihr; 3 unseren; 4 unserem; 5 seinem; 6 Unser; 7 seine; 8 ihrem; 9 unserer

7 Die Demonstrativpronomen

1.
1 Diese; 2 dieses; 3 Dieses; 4 Dieser; 5 dieses; 6 Diese

2.
1 dieses; 2 dieses; 3 dieses; 4 dieser; 5 dieses (*oder Plur.:* dieser); 6 dieser

3.
1 diesem; 2 dieser; 3 dieser; 4 diesem; 5 diesem; 6 diesem; 7 dieser; 8 diesen

4.
1 diese; 2 Dieses; 3 diese; 4 diesen; 5 diese; 6 diesen; 7 diese; 8 Diese; 9 dieses; 10 diesen; 11 diesem; 12 Dieser; 13 Diese; 14 diesen; 15 dieser; 16 diese

5.
1 jenes; 2 dieses, jenes; 3 diesen, jenen; 4 dieser, jenen; 5 Dieses, jenem; 6 Diesen, Jener; 7 dieses, jenes

8 Die Relativpronomen

1.
1 das; 2 den; 3 die; 4 den; 5 dem

2.
1 die; 2 das; 3 der; 4 dem; 5 denen; 6 den

9 Das Verb im Präsens

1.
1 - a; 2 - c; 3 - a; 4 - b; 5 - a; 6 - c

2.
ich: wohne, schreibe, höre, trinke, bin
du: wohnst, schreibst, hörst, trinkst, bist
er, sie, es: wohnt, schreibt, hört, trinkt, ist
wir: wohnen, schreiben, hören, trinken, sind
ihr: wohnt, schreibt, hört, trinkt, seid
sie, Sie: wohnen, schreiben, hören, trinken, sind

3.
1 bist; 2 kommen; 3 lernt; 4 Sind; 5 gehe; 6 Habt; 7 spielen; 8 heißen

4.
ich: nehme, spreche, gebe, sehe, lese, werde, esse, vergesse
du: nimmst, sprichst, gibst, siehst, liest, wirst, isst, vergisst
er, sie, es: nimmt, spricht, gibt, sieht, liest, wird, isst, vergisst
wir: nehmen, sprechen, geben, sehen, lesen, werden, essen, vergessen
ihr: nehmt, sprecht, gebt, seht, lest, werdet, esst, vergesst
sie, Sie: nehmen, sprechen, geben, sehen, lesen, werden, essen, vergessen

5.
1 werde; 2 nimmt; 3 wird; 4 liest; 5 Sprichst; 6 gibt; 7 Esst

6.
ich: schlafe, trage, fahre, gefalle, laufe, schlage, grabe, falle
du: schläfst, trägst, fährst, gefällst, läufst, schlägst, gräbst, fällst
er, sie, es: schläft, trägt, fährt, gefällt, läuft, schlägt, gräbt, fällt
wir: schlafen, tragen, fahren, gefallen, laufen, schlagen, graben, fallen
ihr: schlaft, tragt, fahrt, gefallt, lauft, schlagt, grabt, fallt
sie, Sie: schlafen, tragen, fahren, gefallen, laufen, schlagen, graben, fallen

7.
1 fällt; 2 gräbt, fällt; 3 fährst; 4 laufen; 5 Tragt; 6 schläft; 7 schlägt; 8 ist (*oder Plur.:* sind); 9 sprecht

8.
1 Ein Elefant vergisst nie. 2 Der Hund gräbt im Garten ein Loch. 3 Der Junge läuft nach Hause. 4 Eva isst gern Fisch. 5 Christian fährt morgen nach Spanien.

9.
waagerecht: sehen, nimmt, vergesse, siehst, gibst, läuft, fahren, werdet, gebt, fährst
senkrecht: schlafen, nehme, trage, essen, trägt, esse, lauft, wirst, schläft, vergesst
ich: vergesse, nehme, trage, esse
du: siehst, gibst, fährst, wirst
er, sie, es: nimmt, läuft, trägt, schläft
wir, sie, Sie: sehen, fahren, schlafen, essen
ihr: werdet, gebt, lauft, vergesst

10.
trennbar: vorstellen, abgeben, ausgehen, zurückkommen, einkaufen, abschreiben, zumachen, aufhören, wegwerfen
nicht trennbar: vergessen, verschreiben, entstehen, empfehlen, wiederholen, gefallen, beginnen, versuchen

11.
1 klopfe an; 2 Füllst ... aus; 3 steht ... auf; 4 rufen ... an; 5 nimmt ... ein; 6 ziehen ... um; 7 kehrt ... zurück; 8 bereitet ... zu; 9 stelle ... vor; 10 schreibt ... auf; 11 liest ... vor; 12 zündet ... an; 13 steige ... um; 14 sehe ... fern

12.
1 waschen ... ab; 2 schreibe ... auf; 3 kommt ... an; 4 kaufen ... ein; 5 nimmt ... ab

13.
waagerecht: ausgeben, aufschreiben, umsteigen, mitbringen, vorlesen, anrufen, anprobieren; senkrecht: abfahren, abbiegen
1 gibt ... aus; 2 fährt ... ab; 3 steige ... um; 4 liest ... vor; 5 ruft ... an; 6 biegen ... ab; 7 schreibe ... auf; 8 probiert ... an; 9 bringen ... mit

14.
1 Ich steige in Hanau aus. 2 Ich stehe um halb sieben auf. 3 Wir ziehen im April um. 4 Eva geht mit Martin aus. 5 Sie fahren morgen früh weg. 6 Ich kaufe auf dem Wochenmarkt ein. 7 Verena macht die Tür auf. 8 Ich rufe Tante Petra an. 9 Mein Freund setzt immer seine Meinung durch. 10 Karsten dreht sich nach einer Frau um.

15.
1 Monika vergisst immer meinen Geburtstag. 2 Felix geht gern mit Johanna aus. 3 Ich verstehe den Text nicht. 4 Du schickst die E-Mail an Karin ab. 5 Die Kinder hören der Erzieherin zu. 6 Der Arzt verschreibt mir starke Medikamente. 7 Franziska übersetzt den Text ins Spanische. 8 Der Unterricht fängt um 8 Uhr an.

16.
1 mich; 2 dich; 3 sich; 4 sich; 5 uns; 6 sich; 7 euch

17.
1 sich; 2 sich; 3 mich; 4 sich; 5 dich; 6 sich; 7 sich; 8 uns; 9 sich

10 Das Verb im Präteritum

1.
1 Präteritum, sein; 2 Präsens, haben; 3 Präteritum, wollen; 4 Präteritum, studieren; 5 Präsens, sein; 6 Präsens, schreiben; 7 Präteritum, brauchen; 8 Präteritum, kaufen; 9 Präsens, haben; 10 Präteritum, wissen

2.
1 Heute sind wir zu Hause. 2 Heute habe ich keine Prüfung. 3 Heute bist du glücklich. 4 Heute hat er Fieber. 5 Jetzt haben wir Zeit. 6 Jetzt seid ihr zu Hause. 7 Diese Woche geht es mir besser.

3.
1 War; 2 warst; 3 war; 4 hatte; 5 War; 6 waren; 7 hatten; 8 hatte; 9 Hattest; 10 hatten

4.
1 Ich wollte nach Frankfurt fahren. 2 Die Kinder wollten ins Kino gehen. 3 Ihr solltet hier aufräumen. 4 Ich musste meinen Pullover waschen. 5 Nelia durfte (heute) länger schlafen. 6 Du konntest gut singen. 7 Ihr musstet euch beeilen! 8 Wir konnten die Aufgabe lösen.

5.
sein, ich bin, ich war; sein, wir sind, wir waren; haben, ich habe, ich hatte; haben, er hat, er hatte; werden, ich werde, ich wurde; werden, wir werden, wir wurden; müssen, du musst, du musstest; müssen, er muss, er musste; sollen, ich soll, ich sollte; sollen, du sollst, du solltest; dürfen, wir dürfen, wir durften; dürfen, er darf, er durfte

6.
1 Vor einem Jahr konnte ich noch nicht Auto fahren. 2 Anne war vor einer Woche krank. 3 Jan und Christina hatten gestern eine Prüfung. 4 Wir wollten am Montag in den Club gehen. 5 Frida konnte gestern nicht zu mir kommen. 6 Marvin durfte bis gestern nicht schwimmen.

7.
<u>waagerecht</u>: besuchten, schrieb, wusch, redete, wohntest, bekam, verstand
<u>senkrecht</u>: wurde, sahen, schliefen, flogen, wart, brachtest, telefonierte, wartetest, lasen, trug, lachten
1 sahen; 2 redete, verstand; 3 schrieb; 4 schliefen; 5 brachtest; 6 bekam, wurde; 7 wusch, telefonierte; 8 wart; 9 besuchten; 10 wartetest; 11 lasen; 12 lachten, wohntest; 13 flogen; 14 trug

8.
1 ich kaufte; 2 wir kochten; 3 er schrieb; 4 sie stiegen ein; 5 ich kam; 6 wir tranken aus; 7 ihr lieft; 8 du schliefst; 9 wir suchen; 10 du tippst; 11 du kommst; 12 ich trage; 13 wir fahren ab; 14 ihr geht; 15 sie essen; 16 Sie brechen ab

9.
1 wurde; 2 kam; 3 besuchte; 4 verließ; 5 wollte; 6 bewarb mich; 7 arbeitete; 8 lernte; 9 flog; 10 bekam; 11 wollte; 12 schickte; 13 hatte; 14 bekam; 15 begann

11 Das Verb im Perfekt und als Partizip II

1.
1 gelegt; 2 gemacht; 3 gekocht; 4 gekauft; 5 gespart; 6 gefragt; 7 abgelegt; 8 ausgemacht; 9 eingekauft; 10 aufgehört; 11 abgeholt; 12 versucht; 13 verkauft; 14 befragt; 15 besucht; 16 bestellt; 17 gehört; 18 fotografiert; 19 studiert; 20 telefoniert; 21 repariert; 22 kopiert

2.

1 gesucht; 2 abgelegt; 3 verkauft; 4 gefärbt; 5 gekauft; 6 gemalt; 7 erholt; 8 besucht; 9 informiert; 10 zugeschaut; 11 angestrengt

3.

1 Martin hat seiner Freundin ein Buch geschenkt. 2 Wir haben gestern einen Kühlschrank gekauft. 3 Der Hund hat am Nachmittag lange gebellt. 4 Nadja hat den Brief noch nicht abgeschickt. 5 Wer hat den Computer ausgeschaltet? 6 Ich habe wirklich alles versucht. 7 Der Mann hat alles dem Anwalt erzählt.
8 Ich habe meinen Freund am Wochenende getroffen.

4.

1 gerannt; 2 verbrannt; 3 genannt; 4 gedacht; 5 verbracht; 6 mitgebracht; 7 gewusst; 8 ausgedacht

5.

1 gekauft; 2 gekocht; 3 vorgestellt; 4 getanzt; 5 geputzt; 6 genäht; 7 erledigt; 8 gratuliert; 9 geschält; 10 anprobiert; 11 verirrt

6.

1 getrunken; 2 gesungen; 3 gefahren; 4 gelaufen; 5 gesprochen; 6 getragen; 7 gefallen; 8 gesehen; 9 verstanden; 10 ausgegangen; 11 eingestiegen; 12 gesessen; 13 gegessen; 14 verschlafen; 15 gesprungen; 16 gelegen

7.

1 eingestiegen; 2 gewaschen; 3 gekommen; 4 gefallen; 5 verschrieben; 6 gesprungen; 7 gelesen; 8 gesungen; 9 gesehen; 10 verloren; 11 geschlafen

8.

1 gesprochen; 2 aufgestanden; 3 gefahren; 4 geschienen; 5 genossen; 6 geschwommen; 7 gegessen; 8 bestellt; 9 getrunken; 10 gewesen; 11 gelaufen

9.

<u>waagerecht</u>: ausgetrunken, ausgegeben, geworden, vergraben, bekommen, studiert, verhaftet
<u>senkrecht</u>: abgehoben, gesehen, getrieben, versucht, gefahren, beworben
1 vergraben; 2 versucht; 3 abgehoben; 4 bekommen; 5 gefahren; 6 ausgegeben; 7 studiert; 8 beworben; 9 geworden; 10 gesehen; 11 verhaftet; 12 getrieben; 13 ausgetrunken

10.

1 ist; 2 sind; 3 haben; 4 sind, haben; 5 hat; 6 hat; 7 ist; 8 sind

11.

1 Der Film hat vor zehn Minuten angefangen. 2 Mir ist noch eine Frage eingefallen. 3 Wir haben schon alle Dokumente bekommen. 4 Er hat mich über seine Arbeit informiert. 5 Pascal hat sich in Olivia verliebt. 6 Julia ist vorgestern nach Prag gefahren. 7 Was hat Rainer seinem Sohn versprochen? 8 Wann ist der Zug abgefahren? 9 Wohin ist Marina gegangen?

12.

1 Der Wecker hat um 6.10 Uhr geklingelt. 2 Frau Franke ist aufgestanden.
3 Sie ist ins Bad gegangen, hat geduscht und sich angezogen. 4 Dann hat sie ihren Mann geweckt. 5 Danach hat sie das Frühstück vorbereitet. 6 Ihr Mann hat die Tochter geweckt. 7 Um 6.45 Uhr haben alle in der Küche gefrühstückt. 8 Um 7.00 Uhr ist Herr Franke ins Büro gegangen. 9 Die Tochter hat ihre Schultasche gepackt. 10 Dann ist sie mit dem Rad in die Schule gefahren.
11 Frau Franke hat noch schnell abgewaschen. 12 Um 7.40 Uhr ist sie aus dem Haus gegangen. 13 Sie hat ihre Arbeit um 8.30 Uhr begonnen. 14 Von 12.30 Uhr bis 13.00 Uhr hat sie Mittagspause gehabt. 15 Sie hat einen Salat gegessen und mit ihren Kolleginnen gesprochen. 16 Sie hat ihre Arbeit um
17 Uhr beendet. 17 Nach der Arbeit hat sie Einkäufe gemacht. 18 Um 18.30 Uhr ist sie nach Hause gekommen. 19 Die Tochter hat den Tisch gedeckt. 20 Herr Franke hat die Getränke aus dem Keller geholt. 21 Frau Franke hat das Essen gemacht.
22 Nach dem Abendbrot hat Herr Franke das Geschirr gespült.
23 Frau Franke hat die Wäsche gebügelt und mit einer Freundin telefoniert.
24 Um 22.40 Uhr sind sie schlafen gegangen.

13.

1 Perfekt; Präsens: Antonia wird 16 Jahre alt. 2 Perfekt; Präsens: Marc kauft sich einen Anzug. 3 Präsens; Perfekt: Ich habe Tamara besucht. 4 Präsens; Perfekt: Franziska hat Tee mit Zitrone getrunken. 5 Präsens; Perfekt: Der Arzt hat den verletzten Mann untersucht.

12 Der Imperativ

1.

1 Komm! 2 Sprich! 3 Iss! 4 Hör zu! 5 Mach den Mund auf! 6 Sei still! 7 Arbeite!

2.
1 Helfen wir! 2 Arbeiten wir! 3 Gehen wir! 4 Steigen wir ein! 5 Hören wir auf! 6 Passen wir auf!

3.
1 Schließt die Fenster! 2 Passt auf! 3 Seid ruhig! 4 Schreibt! 5 Rechnet! 6 Trinkt Milch! 7 Lernt!

4.
1 Helfen Sie mir bitte! 2 Zeigen Sie uns bitte den Weg! 3 Unterschreiben Sie bitte hier! 4 Kommen Sie bitte um 9.30 Uhr! 5 Seien Sie bitte nett! 6 Lesen Sie bitte den Text! 7 Sagen Sie mir bitte Ihren Namen! 8 Sprechen Sie bitte langsamer! 9 Steigen Sie hier bitte aus! 10 Fahren Sie bitte nicht so schnell!

5.
1 Geh zum Arzt! 2 Helfen wir der Oma! 3 Räumt hier auf! 4 Holen wir das Medikament ab! 5 Nimm die Tabletten ein! 6 Treibt Sport! 7 Bleiben Sie bitte im Bett! 8 Seien Sie leise!

13 Die Modalverben

1.

a
1 muss; 2 müsst; 3 müssen; 4 Musst; 5 müssen

b
1 will; 2 Wollen; 3 wollen; 4 Willst; 5 Wollt

c
1 kann; 2 können; 3 können; 4 Kannst; 5 Könnt

d
1 sollst; 2 Sollt; 3 sollen; 4 sollen; 5 soll

e
1 darfst; 2 dürfen; 3 darf; 4 dürfen; 5 Dürft

2.
1 ich / er / sie / es; 2 wir / sie / Sie; 3 ich / er / sie / es; 4 ich / er / sie / es; 5 du; 6 ich / er / sie / es; 7 ihr; 8 du

3.
1 muss; 2 Dürft; 3 darf; 4 willst; 5 wollen; 6 Kannst; 7 Können; 8 darf; 9 sollst

4.
1 Robert soll seine Hemden in den Schrank legen. 2 Helene soll das Geschirr in die Küche bringen. 3 Ich will morgen mit Susanne nach Bonn fahren. 4 Sie können mir den Weg zum Rathaus zeigen. 5 Hier dürfen nur Anwohner parken. 6 Wir wollen in eine größere Wohnung ziehen. 7 Wir müssen viele neue Wörter lernen. 8 Du sollst dich beeilen.

5.
1 Ich will ein interessantes Buch lesen. 2 Wir sollen deutsche Sprichwörter lernen. 3 Kannst du fließend Französisch sprechen? 4 Manuela will morgen nach Italien fahren. 5 Die Eltern müssen einen Arzt anrufen. 6 Dirk darf um halb zwei nach Hause gehen.

14 Die Deklination der Adjektive

1.
1 Das ist ein großer Bahnhof. 2 Das ist ein kleiner Betrieb. 3 Das ist ein schöner Park. 4 Das ist ein kinderfreundlicher Spielplatz. 5 Das ist eine große Tankstelle. 6 Das ist eine kleine Schule. 7 Das ist eine breite Straße. 8 Das ist eine hohe Mauer. 9 Das ist ein neues Theater. 10 Das ist ein ausgezeichnetes Restaurant. 11 Das ist ein teures Hotel. 12 Das sind breite Straßen. 13 Das sind moderne Häuser. 14 Das sind schöne Gärten.

2.
1 interessantes; 2 gefährlicher; 3 gute; 4 neue; 5 schönes; 6 lange; 7 langweiliger; 8 bekannte; 9 altes; 10 kostbare

3.
1 neue; 2 spannende; 3 gute; 4 tolle; 5 leichte; 6 komplizierte; 7 kleine; 8 schöne; 9 gute; 10 lange; 11 praktische; 12 einfachen; 13 deutschen; 14 neuen

4.
1 graue; 2 weiße; 3 blaue; 4 braunen; 5 gelbe; 6 schwarzen; 7 grüne; 8 rote; 9 teure; 10 gestreifte

5.
1 rote; 2 alten; 3 blindes; 4 korrekte; 5 neue; 6 gute; 7 bunten; 8 Kleine; 9 nette; 10 elegantes; 11 Fette

6.

1 großen Park; 2 schönen Platz; 3 hohen Turm; 4 breite Straße; 5 alte Schule; 6 gute Gaststätte; 7 altes Schloss; 8 nettes Café; 9 neues Krankenhaus; 10 braune Schuhe; 11 warme Handschuhe; 12 goldene Ohrringe

7.

1 neue; 2 blauen; 3 kleine; 4 neue; 5 Historische; 6 kleine; 7 gutes; 8 alter; 9 schnelles

8.

1 französischer Wein; 2 trockener Sekt; 3 magerer Schinken; 4 frische Milch; 5 weiße Schokolade; 6 gute Margarine; 7 fettes Fleisch; 8 kühles Bier; 9 gesundes Essen; 10 neue Kartoffeln; 11 reife Tomaten; 12 saftige Äpfel

9.

1 italienischer Wein; 2 französischer Käse; 3 polnischer Wodka; 4 schwedisches Brot; 5 norwegischer Käse; 6 kubanische Zigarren; 7 afrikanische Kunst; 8 spanische Orangen; 9 deutsches Bier; 10 russischer Kaviar; 11 holländische Tomaten; 12 eine dänische Schriftstellerin; 13 brasilianischer Kaffee; 14 indischer Tee; 15 deutsche Radieschen; 16 belgische Pralinen; 17 japanisches Theater; 18 italienische Mode; 19 ungarische Musik; 20 griechische Geschichte; 21 mexikanische Speisen; 22 chinesisches Porzellan; 23 eine finnische Sauna; 24 ein französisches Lied

10.

bestimmter Artikel: (A) den blauen Anzug; (N) die lange Hose; (A) das neue Hemd; (A) die alten Schuhe
unbestimmter Artikel: (A) einen großen Bahnhof; (N) eine gute Schule; (N) ein altes Museum; (A) neue Häuser
ohne Artikel: (A) starken Kaffee; (N) frische Milch; (N) gutes Bier; (A) kalte Getränke

11.

1 frisches, spanischen, saure, schwarze; 2 mehlige, festkochende; 3 mageren, rohen; 4 Alte; 5 süßen, scharfen; 6 grünen, neue, frische; 7 französischen, spanischen, schottischen

12.

1 guten; 2 schnellen; 3 runden; 4 neuen; 5 interessanten; 6 freundlichen; 7 großen; 8 tollen; 9 hübschen; 10 französischen; 11 leiser; 12 alten; 13 kühlem; 14 grünem, gebratenen

13.
1 guten; 2 kranken; 3 netten; 4 wirksamen; 5 süßen; 6 neuer; 7 starken; 8 frischen; 9 reifer

14.
1 besten; 2 netter; 3 gebratenen; 4 heller; 5 feinem; 6 frischen; 7 gehackten; 8 köstliche
1 beste; 2 gemütliche; 3 zweiten; 4 gemütlichen; 5 moderne; 6 bunte; 7 weiche; 8 kleine; 9 bunter; 10 bequemer; 11 besten

15.
1 jüngerer, schnelles; 2 kleine, neuen, netter; 3 grüne, großen; 4 warmen, leichten; 5 großes, gekochten, kleine; 6 alter, neuen; 7 ausländische, lange

15 Das Adverb

1.
1 damals, hier; 2 rechts; 3 darüber; 4 endlich; 5 erst, danach; 6 stündlich, dorthin; 7 jetzt, gerade; 8 morgen; 9 sehr, schnell; 10 heute, ziemlich

2.
1 Wie; 2 so; 3 Damals; 4 frühestens; 5 bereits; 6 Wann; 7 oft; 8 Montags; 9 Hier; 10 Jetzt

3.
lokal: dort, draußen, unten, hinauf, dorther
temporal: dann, gestern, bis jetzt, spät, immer, damals
modal: völlig, gern, notfalls, vielleicht, ziemlich, sogar, fast, bestimmt, kaum, trotzdem
kausal: darum, folglich, deshalb

4.
1 weniger, am wenigsten; 2 nicht möglich; 3 öfter (häufiger), am häufigsten; 4 nicht möglich; 5 nicht möglich; 6 nicht möglich; 7 nicht möglich; 8 eher (früher), am ehesten (am frühesten); 9 nicht möglich; 10 mehr, am meisten

16 Die Komparation der Adjektive und Adverbien

1.

1 schneller, am schnellsten; 2 billiger, am billigsten; 3 kleiner, am kleinsten; 4 schlechter, am schlechtesten; 5 langsamer, am langsamsten; 6 bitterer, am bittersten; 7 neuer, am neuesten; 8 intelligenter, am intelligentesten; 9 glücklicher, am glücklichsten; 10 tiefer, am tiefsten; 11 älter, am ältesten; 12 länger, am längsten; stärker, am stärksten; 14 wärmer, am wärmsten; 15 jünger, am jüngsten; 16 größer, am größten; 17 dümmer, am dümmsten; 18 kürzer, am kürzesten; 19 klüger, am klügsten; 20 näher, am nächsten; 21 höher, am höchsten; 22 besser, am besten

2.

hoch, höher, am höchsten; edel, edler, am edelsten; nahe, näher, am nächsten; gut, besser, am besten; alt, älter, am ältesten; weit, weiter, am weitesten; teuer, teurer, am teuersten; groß, größer, am größten

3.

1 das neuere, das neueste Auto; 2 der schnellere, der schnellste Zug; 3 die schönere, die schönste Frau; 4 der intelligentere, der intelligenteste Schüler; 5 das preiswertere, das preiswerteste Sofa; 6 der kürzere, der kürzeste Rock; 7 das längere, das längste Kleid; 8 die bessere, die beste Ärztin; 9 das billigere, das billigste Hotel; 10 die einfachere, die einfachste Übung; 11 der interessantere, der interessanteste Film

4.

1 das größere, das größte Zimmer; 2 nicht möglich; 3 die längere, die längste Nacht; 4 das stärkere, das stärkste Medikament; 5 der heißere, der heißeste Sommer; 6 nicht möglich; 7 das längere, das längste Gespräch; 8 nicht möglich; 9 nicht möglich; 10 das teurere, das teuerste Buch

5.

1 wie; 2 wie; 3 als; 4 als; 5 als; 6 wie; 7 als; 8 als; 9 wie; 10 wie; 11 als, wie; 12 als

6.

1 besser; 2 nett; 3 der kleinste; 4 bequemer; 5 kalt; 6 das teuerste; 7 am schnellsten

7.

1 alte; 2 größer; 3 berühmte; 4 größte; 5 älteste; 6 kleiner; 7 größer; 8 neuen; 9 viele; 10 zahlreichen

8.
1 modernsten; 2 obersten; 3 groß; 4 größer; 5 Am größten; 6 ältester; 7 sonniges; 8 jüngeren; 9 größeres; 10 schönen; 11 kleiner; 12 größer; 13 größere; 14 Am kleinsten; 15 schönen; 16 Später; 17 viele; 18 am liebsten

17 Die Präpositionen

1.
1 Ich habe das von meinem Bruder gehört. 2 Ich fahre mit meiner Chefin zur Messe. 3 Viktor wohnt seit einem Jahr in Berlin. 4 Antje geht zu ihrem Freund. 5 Sandra wohnt bei ihren Großeltern. 6 Wir fahren mit dem Bus.

2.
1 mit; 2 nach, nach; 3 mit; 4 bei; 5 seit; 6 zu; 7 aus; 8 von; 9 mit; 10 zu; 11 mit; 12 aus

3.
1 Seit einer Woche sind wir in Frankreich. 2 Sergej ist noch nie mit einem Flugzeug geflogen. 3 Roger telefoniert mit seiner Mutter. 4 Nach dem Film machen wir einen Stadtbummel. 5 Heute ist eine Party bei meinem Cousin. 6 Elisa hat von ihren Eltern ein Fahrrad bekommen. 7 Unsere Söhne verbringen den Sommer bei ihrer Oma. 8 Die Konferenz begann vor einer Stunde. 9 Sue kommt aus den USA. 10 Ich rühre die Soße mit dem Kochlöffel. 11 Katharina hat Angst vor der Impfung. 12 Elisabeth ist einverstanden mit dem Vorschlag. 13 Sibylle ist befreundet mit meiner Tochter. 14 Eva und Roman kennen sich seit einem Jahr.

4.
1 Für die Mutter. 2 Für unseren Sohn. 3 Gegen einen Baum. 4 Ohne ihre Eltern. 5 Durch einen Zufall. 6 Gegen eine Glastür. 7 Ohne seine Kamera. 8 Für das Abendbrot. 9 Um die Ecke.

5.
1 für; 2 für; 3 ohne; 4 gegen; 5 durch; 6 um; 7 ohne, durch (*oder:* in), gegen; 8 um; 9 Für; 10 Ohne; 11 an; 12 Ohne; 13 um (*oder:* gegen); 14 durch

6.
1 Ich habe hier zwei Bücher für dich. 2 Leo trinkt gern Tee ohne Zucker. 3 Herr Alt ist mit seinem Auto gegen die Mauer gefahren. 4 Julia geht ohne ihre Freundin ins Kino. 5 Um den Tisch stehen zwölf Stühle. 6 Diese Pralinen sind für Sie. 7 Kein Rauch ohne Feuer. 8 Was hast du gegen diesen Ausflug einzuwenden? 9 Der Arzt hat mir Medikamente gegen Migräne verschrieben. 10 Wir sollen dieses Projekt für den nächsten Donnerstag vorbereiten.

7.
1 Viktor wohnt in einem Hochhaus. 2 Daria sitzt auf dem Sofa. 3 Der Hund liegt unter dem Tisch. 4 Die Kinder sitzen unter dem Baum. 5 Der Spiegel hängt an der Wand. 6 Die Lampe steht auf dem Schreibtisch. 7 Die Post ist neben der Schule.

8.
1 Isa fliegt in die USA. 2 Josi legt die Zeitung auf den Tisch. 3 Die Kinder laufen unter den Baum. 4 Er hängt die Plakate an die Wand. 5 Ich stelle den Papierkorb neben den Schreibtisch. 6 Wir fahren hinter das Haus. 7 Marisol geht in die Bibliothek. 8 Er stellte seinen LKW vor mein Auto. 9 Das Flugzeug fliegt über die Berge. 10 Stellt das Regal zwischen den Sessel und die Tür.

9.
1 Ich lege sie auf das Waschbecken. 2 Ich stelle ihn auf den Tisch. 3 Ich lege es auf das Bett. 4 Ich stelle ihn in die Küche. 5 Ich stelle sie zwischen den Sessel und die Kommode. 6 Ich stelle ihn neben die Blumen. 7 Ich hänge sie über den Tisch. 8 Ich schiebe ihn ans Fenster. 9 Ich hänge ihn über das Waschbecken. 10 Ich lege sie in den Schrank.

10.
1 Das Regal steht jetzt in der Ecke. 2 Die Blumen stehen jetzt auf dem Tisch. 3 Die Schere liegt jetzt in der Schublade. 4 Der Computer steht jetzt auf dem Schreibtisch. 5 Die Handtücher hängen jetzt neben der Badewanne. 6 Der Eimer steht jetzt unter dem Waschbecken. 7 Die Wäsche liegt jetzt in der Waschmaschine. 8 Die Pizza ist jetzt in der Mikrowelle.

11.
1 Während; 2 wegen; 3 Infolge; 4 Trotz; 5 unweit; 6 außerhalb; 7 Während; 8 Wegen; 9 trotz; 10 innerhalb

12.
1 Frank lebt hier seit einem Jahr. 2 Eva fährt während der Sommerferien in die USA. 3 Das Bild hängt an der Wand. 4 Am Wochenende spielt Javier mit den Freunden Fußball. 5 Die Eisdiele befindet sich unweit unserer Schule. 6 Marius hängt die Poster an die Wände. 7 Eine Katze sitzt auf dem Dach. 8 Wir fahren ohne unseren Hund in die Berge. 9 Die Kinder sitzen um den Tisch und warten auf das Essen. 10 Helene lernt seit einer Woche Russisch. 11 Heike fährt um Mitternacht mit dem Zug nach Lübeck. 12 Die Oma kann ohne Brille nicht lesen. 13 Während des Kriegs wurden alle Häuser zerstört. 14 Veronika fährt in die Niederlande. 15 Der Roman gehört zu einer Trilogie.

13.
1 über; 2 mit; 3 nach; 4 über; 5 an; 6 an; 7 auf; 8 an; 9 nach; 10 für; 11 mit; 12 aus; 13 gegen; 14 zu; 15 an; 16 von; 17 für; 18 vor; 19 an; 20 über; 21 mit; 22 vor; 23 mit; 24 an; 25 über; 26 bis; 27 von

14.
1 mit; 2 in; 3 An; 4 über; 5 über; 6 mit; 7 über; 8 gegen; 9 mit; 10 zu; 11 in; 12 auf; 13 im; 14 von; 15 ohne; 16 auf; 17 mit

15.
1 Auf wen wartet Ines? 2 Worauf wartet Elias? 3 Mit wem arbeitet Mert? 4 Womit reisen sie? 5 Für wen ist dieses Paket? 6 Woraus ist dein Hemd? 7 Wofür ist der Wein? 8 An wen dachte Alina? 9 Vor wem haben die Schüler Angst?

16.
1 Sie ärgert sich darüber. 2 Wir haben uns dafür entschieden. 3 Er freut sich darüber. 4 Sie glaubt daran. 5 Er wartet immer noch darauf. 6 Sie protestieren dagegen. 7 Sie nimmt daran teil. 8 Hast du schon davon gehört? 9 Sie leidet darunter. 10 Ich frage danach.

17.
1 Die Kinder warten auf den Weihnachtsmann. 2 Mohammed denkt an seine Mutter. 3 Ich unterhalte mich mit meiner Nachbarin. 4 Ich denke über den Vorschlag nach. 5 Marco verabschiedet sich von seinen Freunden. 6 Der Wissenschaftler ist an den Folgen der radioaktiven Strahlung gestorben. 7 Konrad hat sich in meine Cousine verliebt. 8 Die Firma profitiert von günstigen Investitionskrediten.

18.
1 Womit; 2 Mit wem; 3 Woran; 4 Auf wen; 5 Womit; 6 Wovor; 7 Wofür; 8 Worum; 9 Mit wem?

18 Die Zahlwörter: Datum, Uhrzeit, Maße

1.
3 drei; 8 acht; 11 elf; 16 sechzehn; 17 siebzehn; 25 fünfundzwanzig; 33 dreiunddreißig; 42 zweiundvierzig; 59 neunundfünfzig; 61 einundsechzig; 68 achtundsechzig; 77 siebenundsiebzig; 86 sechsundachtzig; 94 vierundneunzig; 100 hundert

2.
1 der erste Oktober; 2 die dritte Stunde; 3 der zwölfte Mann; 4 die dreizehnte Etage; 5 das zweiundzwanzigste Haus; 6 der vierzigste Schüler

3.
1 der zweiundzwanzigste Januar; 2 der fünfzehnte März; 3 der zweite August; 4 am zwölften Februar; 5 am sechsundzwanzigsten Mai; 6 am achten Oktober; 7 am neunzehnten November; 8 am einunddreißigsten Dezember; 9 am zweiundzwanzigsten Oktober

4.
1 achtzig, neunundfünfzig, hundert, sechs, zwanzig, fünfzig, vierhundert, eins, dreißig, vier; 2 der neunte, die erste, die achtzehnte, das vierte, die elfte, der zwölfte; 3 zweimal, fünfmal; 4 dreierlei, zweierlei, viererlei; 5 zehnfach, zweifach, hundertfach, neunfach; 6 zweitens, drittens, erstens, fünftens; 7 ein Viertel, ein Achtel, ein Zehntel, ein Zwölftel

5.
1) 7.15 Uhr; 2) 19.17 Uhr; 3) 7.45 Uhr; 4) 7.20 Uhr; 5) 13.06 Uhr; 6) 17.00 Uhr; 7) 10.30 Uhr; 8) 9.50 Uhr

6.
1 - a, b; 2 - a, b, c; 3 - b; 4 - b, c; 5 - b; 6 - a, b, c

7.
1 halb drei nachmittags; 2 zwanzig vor zwölf; 3 fünf vor sechs; 4 zehn nach acht; 5 viertel zehn (*oder:* Viertel nach neun); 6 zwanzig nach sieben abends; 7 fünf nach halb zwölf nachts; 8 halb vier; 9 zehn nach eins (*oder:* ein Uhr zehn)

8.
1 ein Meter; 2 zweitausend Zentimeter; 3 dreieinhalb Kilometer; 4 zweihundertvierzig Millimeter; 5 dreitausend Gramm; 6 fünf Komma zwei Kilogramm; 7 ein Pfund; 8 eintausendfünfhundert Gramm; 9 null Komma dreiunddreißig Liter; 10 zweitausendzweihundert Milliliter; 11 ein Hektoliter; 12 vierzig Liter; 13 eine Million Quadratzentimeter; 14 dreitausendachthundert Quadratmeter; 15 zwanzigtausend Quadratmeter; 16 null Komma vierzehn Hektar; 17 dreitausend Kubikzentimeter; 18 fünfhundert Kubikzentimeter; 19 null Komma neun Liter; 20 ein Milliliter

19 Der einfache Aussagesatz

1.
1 Wir wohnen in Hannover. 2 Rudi studiert Medizin. 3 Manfred interessiert sich für Musik. 4 Magnus ist 20 Jahre alt. 5 Du lernst Arabisch. 6 Felix trinkt Eistee. 7 Ali kommt aus Kairo. 8 Ayman ist der beste Student.

2.
1 Viktor wohnt seit drei Jahren in Potsdam. 2 Wir gehen heute Abend ins Theater. 3 Simone ist selten höflich. 4 Frau Riemers fährt ohne ihren Mann nach Brüssel. 5 Claudia kommt niemals zu spät. 6 Ich brauche noch einen Hammer. 7 Zita kommt um 17 Uhr zu Besuch. 8 Beatrix geht allein ins Kino. 9 Ich freue mich sehr auf diese Reise. 10 Lutz ist vor zehn Minuten nach Hause gegangen.

3.
1 Heute Nachmittag geht Alexander zum Zahnarzt. 2 Gestern habe ich einen Brief von Astrid bekommen. 3 Jeden Sommer fahren meine Eltern an die Nordsee. 4 Seit 28 Jahren ist Herbert mit Elisabeth verheiratet. 5 Dieses Buch habe ich von Marion bekommen. 6 Um 20 Uhr beginnt die Vorstellung.
7 Zuerst kommt Jenny zu mir. 8 Den Text habe ich überhaupt nicht verstanden.

20 Der Fragesatz

1.
1 - c; 2 - d; 3 - h; 4 - a; 5 - f; 6 - b; 7 - g; 8 - e; 9 - j; 10 - i

2.
1 Woher; 2 Wer; 3 Wo; 4 Wem; 5 Was; 6 Wie; 7 Wohin; 8 Wann; 9 Wie; 10 Wen; 11 Welche; 12 Warum; 13 Seit wann; 14 Wo; 15 Wessen

3.
1 Wann fahren Sie nach Frankfurt? 2 Wer hat das Foto gemacht? 3 Wo wohnt Elena? 4 Wohin möchte Alexandra gehen? 5 Wie heißt der Mann? 6 Wer besucht Tante Gudrun? 7 Woher kommt Igor? 8 Wann fährt José in die Schweiz?

4.
1 Ist Helene müde? 2 Kommt Daniel heute später? 3 Wollte Justus noch in die Bibliothek gehen? 4 Haben wir keinen Zucker mehr? 5 Sucht die Firma eine Sekretärin? 6 Konnte Silvia nicht kommen?

5.
1 - b; 2 - a; 3 - b; 4 - b; 5 - a; 6 - b; 7 - a; 8 - b

6.
1 - a; 2 - b; 3 - a; 4 - a; 5 - a; 6 - b

21 Die Verneinung

1.
1 Nein, ich bin nicht krank. 2 Nein, wir wohnen nicht in Ulm. 3 Nein, das ist nicht mein Auto. 4 Nein, ich will nicht mitkommen. 5 Nein, Gabi arbeitet nicht in der Redaktion. 6 Nein, ich bin nicht verheiratet.

2.
1 Isabel lernt nicht. 2 Der Hund bellt nicht. 3 Wir freuen uns nicht. 4 Hanna wartet nicht. 5 Der Zug kommt nicht. 6 Ich kaufe das Buch nicht. 7 Das Kind schläft nicht. 8 Die Schuhe passen nicht. 9 Es regnet nicht. 10 Wir arbeiten nicht. 11 Der Wecker klingelt nicht. 12 Wir fahren nicht in den Urlaub.

3.
1 Nein, ich habe keine Zeit. 2 Nein, Felix braucht keine Brille. 3 Nein, wir kaufen keinen Fernseher. 4 Nein, Dagmar hat kein Auto. 5 Nein, Frau Hartung hat keine Kinder. 6 Nein, Claudia hat kein Geld. 7 Nein, ich habe keine Fahrkarte. 8 Nein, er ist kein Augenarzt.

4.
1 nicht; 2 keinen; 3 nicht; 4 keinen; 5 nicht; 6 kein; 7 kein; 8 nicht; 9 kein; 10 nicht

5.

1 Nein, das ist nicht unser Auto. 2 Nein, Olivia kommt nicht aus Québec. 3 Nein, ich habe keinen Hund. 4 Nein, Richard kauft kein Buch. 5 Nein, ich wohne nicht hier. 6 Nein, ich muss heute nicht arbeiten. 7 Nein, sie brauchen keine Hilfe. 8 Nein, hier darf man nicht parken. 9 Nein, ich habe keinen Fahrschein. 10 Nein, das Kind möchte keinen Tee. 11 Nein, das Baby schläft nicht mehr. 12 Nein, Simone ist nicht freundlich. 13 Nein, ich habe kein Obst gekauft. 14 Nein, ich möchte nicht nach Tokio fliegen. 15 Nein, mein Mann hat keinen Bruder.

22 Die Infinitivkonstruktionen

1.

1 Ich höre Evelyn singen. 2 Wir hören den Bus kommen. 3 Thomas sieht seine Mutter bügeln. 4 Juliane hört die Waschmaschine schleudern. 5 Wir hören jemanden schreien. 6 Ich hörte den Hund bellen. 7 Der Zeuge sah den Wagen bei Rot über die Kreuzung fahren.

2.

1 Ich freue mich, Ihnen helfen zu können. 2 Wir empfehlen Ihnen, es noch einmal zu versuchen. 3 Dietmar streitet ab, Monika zu kennen. 4 Der Mann gab zu, am Tatort gewesen zu sein. 5 Simone denkt nicht daran, pünktlich zu sein.

3.

1 Um 8 Uhr beginnt er zu arbeiten. 2 Wann hört ihr auf zu streiten? 3 Hier ist es verboten zu rauchen. 4 Dort hinten ist es erlaubt zu parken. 5 Es ist üblich, in der Pause Kaffee zu trinken. 6 Während der Prüfung ist es nicht erlaubt, Wörterbücher zu benutzen.

4.

1 Nein, du brauchst den Text nicht zu übersetzen. 2 Nein, ihr braucht morgen nicht um 7 Uhr zu kommen. 3 Nein, Felix braucht die Blumen nicht zu gießen. 4 Nein, Doreen braucht ihre Hose nicht zu waschen. 5 Nein, Sie brauchen am Sonntag nicht zu arbeiten. 6 Nein, ich brauche heute Abend Eduard nicht anzurufen. 7 Nein, Angela braucht nicht in die Apotheke zu gehen. 8 Nein, du brauchst jetzt nicht aufzuräumen.

5.

1 streiten; 2 zu machen; 3 sich anzupassen; 4 zu rauchen; 5 tanzen; 6 aufzustehen; 7 zu werden; 8 segeln; 9 zu sortieren; 10 aufzuschreiben; 11 zu lernen; 12 reparieren; 13 zu sehen; 14 schwimmen; 15 zu hören; 16 zu fahren; 17 spazieren; 18 aufzuräumen; 19 anrufen; 20 gehen; 21 bellen; 22 zu sagen; 23 einzuschalten; 24 zu arbeiten; 25 einkaufen; 26 abschleppen; 27 schlafen

23 Die Konjunktionen und die Satzgefüge

1.

1 Die Gäste kommen und gratulieren dem Opa. 2 Paloma arbeitet im Büro und lernt Russisch. 3 Anke geht in den Club oder spielt am Computer.
4 Lars möchte heute schwimmen, aber er hat Fieber. 5 Andrew lernt Deutsch, denn er möchte in Köln studieren.

2.

1 Eva und Tobias heiraten, sobald Tobias eine Stelle hat. 2 Anja freut sich, wenn sie eine Eins bekommt. 3 Wir bleiben zu Hause, obwohl die Sonne scheint. 4 Ich beeile mich, weil die Vorlesung gleich beginnt. 5 Ich helfe dir, damit du schneller fertig wirst. 6 Marek hatte einen Unfall, als er neun Jahre alt war. 7 Wir freuen uns, dass wir bald nach Paris fahren. 8 Anke geht in den Club, während ihre Schwester zu Hause bleibt.

3.

1 Obwohl Maria Hunger hat, möchte sie nichts essen. 2 Weil Paul viel Geld ausgibt, hat er Schulden. 3 Wenn du möchtest, erkläre ich dir die Aufgabe.
4 Sobald seine Arbeit beendet ist, geht Christian nach Hause. 5 Um dir zu helfen, ist Gudrun gekommen. 6 Als seine Eltern kamen, schlief Patrick schon. 7 Damit Marc lernen kann, schaltet Irene den Fernseher aus. 8 Nachdem wir das Schloss besichtigt haben, fahren wir ins Hotel.

4.

1 weil; 2 denn; 3 denn; 4 weil; 5 denn; 6 denn; 7 weil; 8 denn; 9 weil; 10 weil; 11 weil

5.

1 Wenn; 2 Als; 3 als; 4 wenn; 5 Wenn; 6 als; 7 wenn; 8 Als; 9 als; 10 Wenn

6.

1 Emily braucht das Kochbuch, um ein Rezept zu finden. 2 Philipp kauft Blumen, um sie seiner Frau zu schenken. 3 Leo braucht den Hammer, um einen Nagel einzuschlagen. 4 Matthias geht zum Arzt, um sich impfen zu lassen. 5 Ich gehe jetzt schon, um den Koffer für die Reise zu packen. 6 Sie fahren an die Nordsee, um sich von der Arbeit zu erholen. 7 Sandra macht Gymnastik, um fit zu bleiben. 8 Oskar geht in die Volkshochschule, um Französisch zu lernen.

7.

1 Ich kaufe ein, damit meine Mutter es nicht zu machen braucht. 2 Ich hole Medikamente, damit meine Oma gesund wird. 3 Ich gehe zum Makler, damit er ein Haus für mich sucht. 4 Ich habe dir das gesagt, damit du informiert bist. 5 Holger nimmt eine Tablette, damit die Kopfschmerzen weggehen.

8.

1 weshalb; 2 oder; 3 damit; 4 dass; 5 obwohl; 6 Wenn; 7 ob; 8 denn; 9 als; 10 aber; 11 indem; 12 weil

Grammatische Fachausdrücke

Fachausdruck	Beispiel
das Adjektiv	das **rote** Kleid
das Adverb	Er kommt **morgen** an.
der Akkusativ	Kennst du **meinen Bruder**?
der Artikel	**der** Mann, **die** Frau, **ein** Kind, **die** Wohnungen
der Aussagesatz	Wir machen Urlaub in Italien.
der bestimmte Artikel	**der** Mann, **die** Frau, **das** Kind, **die** Häuser
der Dativ	Die Eltern schenken **ihrer Tochter** eine Uhr.
das Demonstrativpronomen	**dieses** Buch, **dieser**, **jenes**
das Femininum	die Frau, die Tochter, die Mutter, die Sonne
der Fragesatz	Wie spät ist es? Arbeitet Christian an der Universität?
der Genitiv	Die Bücher **des Lehrers** liegen im Regal.
das Hilfsverb	Sie **hat** heute sehr gut gekocht. Wann **bist** du in Berlin angekommen?
der Imperativ	**Schließ** bitte die Tür ab! **Ergänzen** Sie den Satz.
der Infinitiv	gehen, fahren, fliegen
der Komparativ	Gabi ist **intelligenter** als Georg.
die Konjunktion	Wann **und** wo treffen wir uns? Du kannst vorbeikommen, **wenn** du Zeit hast.
das Maskulinum	der Mann, der Hund, der Tisch
das Modalverb	Ich **muss** einkaufen gehen. **Können** Sie mir bitte sagen, wo ich eine Apotheke finden **kann**?
das Neutrum	das Kind, das Mädchen, das Haus
der Nominativ	**Dieses Haus** ist sehr alt.

Fachausdruck	Beispiel
das Partizip II	Ich habe Michael seit langem nicht mehr **gesehen**.
das Perfekt	**Hast** du Helmut schon **angerufen**?
das Personalpronomen	ich, wir, es, mir, dir, dich, uns ...
der Plural (*Abk.* Plur.)	die Häuser, die Wohnungen, die Katzen
das Possessivpronomen	**mein** Buch, **deine** Wohnung, **meines**
die Präposition	Ich wohne **in** Köln **seit** 1998.
das Präsens	Heute **fahre** ich mit dem Auto.
das Präteritum	Gestern **fuhr** ich mit dem Fahrrad.
das Reflexivpronomen	Er wäscht **sich**.
das Relativpronomen	Wo ist das Buch, **das** ich gestern gekauft habe?
der Singular (*Abk.* Sing.)	ein Haus, eine Wohnung, die Katze
das Substantiv	der **Tisch**, eine **Übung**, ein **Buch**, eine **Dame**
der Superlativ	der **schönste** Garten, **am besten**
das trennbare Verb	Ich **rufe** dich **an**.
der unbestimmte Artikel	**ein** Mann, **eine** Frau, **ein** Kind
die Verneinung	Ich finde meinen Autoschlüssel **nicht**. Wir haben **keinen** Urlaub mehr.
das Verb	Ich **lese** sehr gern. Was **machst** du heute?
das Zahlwort	eins, zwei, der zweite